陈积芳 / 主编

法律维权

老年健康生活丛书（第一辑）

张学森 / 编著

上海科学普及出版社

法律维权

编　　著　张学森

序言

岁月流逝如滔滔江水，从朗朗童声和青春风茂之美好年代，转眼进入雪鬓霜鬟、步履蹒跚的老年。今天的老年人，为建设城市与家园付出了辛勤的劳动，理应健康安享晚年。每位经历人生光阴似箭的朋友，你感慨当今的变化吗？你珍惜眼前的生活吗？你回想过往的岁月吗？当你感到生命的航船可以平稳舒适地驶入又一番风景的港湾中，当你品味美好晚景夕阳红满天时，会有更多新的需要，新的念想。你想学习，可能会遇上陌生的问题；你也许会忧虑，因为你已展开又一个生命的重要阶段——老年。

上海这样一座2 400万人口的国际大都市，富有创新活力和文化底蕴。由于生活水平提高，医疗资源相对丰富，人均寿命增长，老龄化深度发展。60岁以上的老年人已达到33.2%，百岁老人占比达7.8‰，上海已进入国际标准的长寿城市。平均寿命达83岁，在国内仅次于香港。老年群体的各种需求势必越来越多，这是客观的存在。

正如老百姓说的俗语：金山银山不如健康是靠山。幸福的晚年生活，健康是第一条。而健康是老年人面对的最基本的大事，涉及老年阶段方方面面的综合知识、生活方式以及社会服务。比如，发达国家研究长寿课题并得出的结论，第一条就是晚年要有较好的社会交往活动，水、空气、睡眠和营养是基础保障，和谐适当的社会交际活动才是老年人生得以有内在动力的根本保障。因而唱歌跳舞、学用智能手机、旅游观光、含饴弄孙、莳花弄草、书法收藏、摄影交流、散步疾走等文娱活动，都是对老年健康有益的。

随着互联网科技的迅速发展和移动通讯的广泛使用，老年人想要跟上形势，学习新技能。如熟练使用智能手机，学会网上支付水电费、买快餐、订电影票、购买日用品等。

老年人饮食营养的保证很重要，易吸收的优质蛋白质、不饱和脂肪、新鲜蔬果中的维生素纤维素、转化能量的碳水化合物等，均要安排得当，科学合理饮食。这也是防治老年代谢病的重要措施。正所谓：管住你的嘴，学问真不少。

老年人的生命活动逐渐衰弱，有一些疾病“找上门来”也属正常，医疗与护理及保养都很重要。血压、血糖、尿酸指标，要了解这些基本常识，学习自我保健知识，建立健康管理理念。

说到老有所学，日新月异的科技创新的成就，也是老年群体所关注的。比如中国空间站将在太空的遨游，彩虹号深海潜水器，大口径射电望远镜，北斗卫星体系组成通信网络，5G信息科技传播的先进标准，量子通讯的安全原理，石墨烯材料充电新技术等，普通市民关心这些话题；老年人群，尤其是有深层次精神文化需求的老年人更是愿意与时俱进地学习。保持学习新知的好奇心，是心态年轻的标志。

更广义地讲，老龄产业是黄金产业。服务软件、营养饮食、老年教学、文化娱乐、康复辅具等方方面面，与老年人福祉相关的各类产品的设计与生产，急需资金和研发，并加以推广。

夕阳无限好，只是近黄昏。年老之人应修悟宁静淡泊的心态，保持慢节奏的生活姿态，从容不迫、优雅舒坦地过好当下的每一天。这需要有平衡的心理与情绪，预防可能发生的忧郁或焦虑的心理疾病。步入老年阶段，坦然面对衰老，平安幸福地过好晚年生活，我们每一位老者都准备好了吗？

为了关爱老年读者群体的精神文化生活，为他们提供更为广阔的视角和思考空间，乐享健康，乐享生活，智慧养老，科学养老，上海科学普及出版社精心策划了"老年健康生活丛书"。邀请各领域富有经验的专家学者为老年读者精心打造，第一辑推出《阳光心态》《经络养生》《健康管理》《老少同乐》《智能生活》《家庭园艺》《法律维权》《旅游英语》《科普新知》《智慧理财》共十种，涉及老年人群重点关注的养生保健、心理健康、法律法规、代际沟通、社会交往等主题，精心布局，反复研讨，集思广益，从老年读者的视角，以实际生活为内容支撑，通俗易懂，图文并茂。可以相信，"老年健康生活丛书"一定能服务于上海乃至全国的老年群体，发挥积极的科普和文化传播作用，为促进国家老年教育、老龄事业的发展做出应有的贡献。

陈积芳

2018年8月

目录

第一篇 婚姻家庭关系

第二篇 财产权益处置

第三篇　**赡养继承权益**

第四篇　**社会养老保障**

第五篇 **日常生活维权**

第一篇

婚姻家庭关系

权利·自由

家庭是幸福的港湾，家和万事兴。婚姻家庭关系是指婚姻关系和家庭关系的总和，包括夫妻之间的婚姻关系，以及与家庭有关的人身和财产关系。《婚姻法》的规定是婚姻家庭关系的基本准则。广义上的家庭关系，除包括夫妻婚姻关系之外，还包括父母与子女，祖父母、外祖父母与孙子女等主体之间的关系，即亲属关系。婚姻家庭法律关系是婚姻家庭关系中经过法律调整的那一部分，当事人之间的权利义务，具有法律规定。权利受到法律保护，义务必须依法履行，如有违反，必须承担法律责任。

随着家庭经济关系的复杂化，侵犯老年人人身、财产、住房、婚姻等合法权益的现象在各地时有发生。老年人应该熟知自己的合法权益，遇到权益受到非法侵害时，要坚决依法维权。

老年人同样享有婚姻自由权

“婚姻自由”是我国《婚姻法》的基本原则。在法律上，任何人的婚姻自由权利都是平等的；老年人与青年人一样，依法享有婚姻自由权。就是说，婚姻当事人基于法律规定和本人意志，自主决定自己的婚姻问题，不受他人的非法干涉。它包括两个方面：一是结婚自由权，即婚姻当事人依据本人的意愿决定结婚问题，不受任何人的非法干涉；二是离婚自由权，即婚姻当事人有权自主决定自己的离婚问题。无论是青年人，还是老年人，他们的婚姻自由权，都受到法律保护。以暴力、威胁等手段干涉他人婚姻自由，情节严重的，构成暴力干涉婚姻自由罪，依法追究刑事责任。

案例解读

子女不同意再婚 “黄昏恋”只得停止

王某已退休多年，与妻子赵某生育的一儿二女，均已结婚另立门户。5年前赵某因病去世，王某一人独居。平时儿女少有看望，垂暮之年，备感孤独凄凉。3年前经人介绍，王某与年龄相近的李某相识。两人都因丧偶感到孤独，想找个老伴，生活上有所照应。两人情投意合，有意再婚。但是，李某儿女知道后，说长道短，极力反对。在女儿的干涉下，李某不敢与王某在家见面，只能躲到公园里相对垂泪。虽然经单位和街道劝说，但子女仍不同意，他们只好不再往来。

法官做子女教育工作　张大爷获晚年再婚幸福

张大爷现年71岁，是一名退休工程师，再婚妻子吴阿姨曾是他的保姆。去年，张大爷因高血压而卧病在床，工作繁忙的子女们遂请了五十出头的吴阿姨来照顾他。随着张大爷身体的日益康复，他与同是丧偶的吴阿姨产生了同病相怜的感情。两人决定共度晚年生活，遂登记再婚。但是，对于父亲的选择，张大爷的子女们表示很不理解，并且坚决要求他们离婚。被逼无奈之下，张大爷只得起诉到法院，请求解除自己的二次婚姻。庭审中，面对主审法官的询问，张大爷表示离婚并不是他的本意，但面对子女们的强势态度，他不得不同意他们的要求，所以来起诉离婚。

最终，法官对张大爷的子女们进行了教育，告诉他们老年人的婚姻是受到法律保护的，作为子女应当尊重父亲的选择，让他拥有晚年的幸福。在子女们的致歉和保证下，张大爷撤回了离婚诉请，本案结果皆大欢喜。

你瞧，太阳都偏西了，
再不抓紧，就晚了！

法律条款

《中华人民共和国宪法》第四十九条：婚姻、家庭、母亲和儿童受国家的保护。夫妻双方有实行计划生育的义务。父母有抚养教育未成年子女的义务，成年子女有赡养扶助父母的义务。禁止破坏婚姻自由，禁止虐待老人、妇女和儿童。

《中华人民共和国民法通则》第一百零三条：公民享有婚姻自主权，禁止买卖、包办婚姻和其他干涉婚姻自由的行为。

《中华人民共和国婚姻法》第二条：实行婚姻自由、一夫一妻、男女平等的婚姻制度。

第三条：禁止包办、买卖婚姻和其他干涉婚姻自由的行为。禁止借婚姻索取财物。禁止重婚。

第五条：结婚必须男女双方完全自愿，不许任何一方对他方加以强迫或任何第三者加以干涉。

锦囊妙计

婚姻自由是我国《婚姻法》确立的一项基本原则，也是我国宪法赋予公民的一项基本权利。这项权利是受法律所保护的，任何人不得侵犯。

婚姻自由包括结婚自由和离婚自由：结婚自由是指婚

姻当事人依法缔结婚姻关系的自由，也就是说婚姻当事人要与谁结婚，完全应由其本人做主，任何人都无权干涉。如有人干涉，将会受到法律应有的惩罚。

非婚同居容易产生法律纠纷

根据我国法律，不管是年轻人，还是老年人，如果不去民政部门进行婚姻登记，而生活在一起，从法律上讲就是非婚同居。非婚同居合法或非法，应据具体情况而定。单婚型同居和双婚型同居属于有配偶者同他人同居，为法律所绝对禁止。我国自1994年取消事实婚姻以后，不婚同居“搭伙过日子”的情况不受法律保护。

案例解读

不了解对方实况　“黄昏恋”身陷尴尬

早年丧偶的张阿姨独居多年，65岁的她日子过得一直充实自在，子女成家立业后，张阿姨尽享退休生活。在老年大学舞蹈班上认识老马之前，张阿姨对“黄昏恋”并没有憧憬。但当性格开朗、谈吐儒雅的老马向张阿姨表达爱意时，她说自己的心脏怦怦跳了几下。虽然对老马很有好感，但来自子女的压力，让张阿姨决定只是暂时与老马“搭伙过日子”，没有领取结婚证。这是一段“黄昏恋”的美好开始，结局却出乎意料。

让张阿姨意外的是，在“非婚同居”一年多之后，老马坦白自己实际上有配偶。尽管老马希望与原配离婚，挽回张阿姨，但张阿姨知道，这段“黄昏恋”已经走到尽头。几个月后，老马与原配的离婚官司最终以老马回到原配身边而结束。

同居生活3年多 送出财产难索回

3年前，60多岁的张女士和同岁的朱先生开始了同居生活，同居后因为家庭纠纷引发了情感矛盾，张女士决定和朱先生结束同居关系。在双方协商的过程中，张女士认为在3年共同生活期间，自己花费了4万余元的生活费，想要朱先生退还给她，但朱先生认为这笔钱是张女士自愿花费的，拒绝退还。张女士只得咨询律师。原来张女士所说的4万元生活费，一部分用于购买家用电器以及日常生活开销等，另一部分是张女士赠与朱先生子女的财物。根据这一情况，律师如此建议张女士：用于购买电器、生活品的费用，可以凭借开销凭证和实际花费情况要求朱先生退回，但赠与的财物是张女士的自愿行为，在赠与时也没有规定附有义务，因此朱先生的子女可以不用归还。

近年来，在我国一些地区，老年人非婚同居现象比较普遍。调查显示，老年人再婚登记的最大阻力来自双方的子女，而原因不外乎四点：财产、继承、赡养及安葬。第一，从老年人的角度看，是因为许多老年人怕将来一方去世后，在财产分割上产生纠纷，同时也担心一方百年之后另一方无人赡养。他们认为，如果对方先于自己去世，自己又因婚姻问题“得罪”了子女，可能会陷入无人照顾的困境。无奈之下，老年人只能委曲求全，选择“非婚同居”这种折衷的生活方式。第二，从子女方面讲，子女对遗产问题比较担心，但是多数子女认为，只要“肥水不流外人田”，一切事情都好说；此外也有子女觉得平白无故地加重了赡养的负担，心里别提有多别扭。因此子女对老年人“非婚同居”的选择也就给予了认可。第三，百年之后的安葬问题也是矛盾的焦点，在现实生活中引发过不少纠纷，因而安葬问题也成为老年人做出再婚选择时，不得不考虑的因素。

法律条款

《中华人民共和国婚姻法》第三条：禁止包办、买卖婚姻和其他干涉婚姻自由的行为。禁止借婚姻索取财物。禁止重婚。禁止有配偶者与他人同居。禁止家庭暴力。禁止家庭成员间的虐待和遗弃。

《最高人民法院关于适用〈中华人民共和国婚姻法〉若干问题的司法解释（二）》第一条：当事人起诉请求解除同居关系的，人民法院不予受理。但当事人请求解除的同居关系，属于婚姻法第三条、第三十二条、第四十六条规定的“有配偶者与他人同居”的，人民法院应当受理并依法予以解除。当事人因同居期间财产分割或者子女抚养纠纷提起诉讼的，人民法院应当受理。

锦囊妙计

老年人“非婚同居”的选择，并不能一劳永逸，它在缓解矛盾的同时，也埋下了不小的隐患。首先，“非婚同居”的形式，使老年人处于一种不稳定状态，不利于双方在生活上的积极磨合；而且，合就成不合则分的心态，使再婚失去了一个患难与共的感情基础。其次，这种“非婚同居”关系是不受法律保护的。非婚同居双方在法律上的权益尚处于一个“真空地带”，一旦一方去世，由此带来的诸如财产、赡养等问题，除了协商解决外，别无他法。第三，“非婚同居”不利于保护老年妇女的合法权益，特别是没有生活来源的老年女性。由于老年女性的寿命相对较长，往往同居到最后还是男性老人先离开人世。老年女性不仅在日常生活中照顾“老伴儿”的起居，在“老伴儿”生病住院期间，还承担了护理照料工作。如果她不能被对方子女接纳，很可能会被“扫地出门”。第四，老年人同居现象对年轻人的婚姻观念也会带来一定的负面影响。

当独居老人的“黄昏恋”接近同居这一步时，一定要慎重。首先，要避免“非法同居”；其次，如果采用“非婚同居”的方式在一起生活，一定要事先针对财产、继承等细节问题，拟定好法律协议。最后，最妥当的方式，说服子女，克服困难，依法办理手续，正式登记结婚。

夫妻之间应该承担扶养义务

根据我国《婚姻法》规定，夫妻之间的扶养义务，是指夫妻双方在婚姻关系存续期间，在生活上和物质上应该相互扶助、给予供养。当夫妻一方失去劳动能力时，另一方负有扶养和照顾对方生活的义务；当夫妻一方生病时，另一方必须给予照顾或者送院治疗，承担相应的医疗和护理费用；当配偶一方为无行为能力或者限制行为能力时，另一方有担任法定监护人的权利和义务。夫妻之间的扶养义务和接受扶养的权利是完全平等的，双方应自觉履行扶养义务。

案例解读

黄某与张某于1987年12月31日登记结婚，婚后生育一子（已成年）。黄、张婚后共同在县城购置了住房两套、门面房一处，其中一套住房用于一家人自住，另一套住房及门面房出租。

2009年4月，黄某被诊断患有脊髓空洞症、抑郁症，至今未愈，每月需要较多的医药费，除住院可报销部分医疗费外，其余药费需黄某自己负担。她为退休职工，每月领取退休工资2 188元，住房及门面房租金24 000元/年，均由黄某收取。张某系某银行下岗职工，每月领取下岗失业军转干部生活困难补助费2 476元，患有脂肪肝、前列腺囊肿，有母亲需赡养。张某下岗后常年在外务工当监理，收入较高。

近年来，黄、张因性格不合及黄某患病，双方时常发生矛盾，张某多次起诉要求离婚，因黄某坚决不同意，离婚诉讼请求均被驳回，张某便离家外出租房生活。2014年6月5日，黄某诉至法院称她身患多病，每月需万元以上医药费，张某不尽丈夫义务，致使她债台高筑，请求法院判决张某尽扶养义务，按月承担医疗费、生活补助费、护理费计6 000元。

张某辩称，黄某每月有固定收入，有租房租金，有医保报销医疗费，其家里的多年积蓄全在黄某处，他也身患多病，又下岗，工资不高，还要赡养90多岁的母亲，不同意支付黄某扶养费。

法院经审理认为，夫妻有互相扶养的义务。黄某与张某系合法夫妻，本应相互关心，彼此扶助。现黄某身患严重疾病，需要人照顾，而张某离家出走，使黄某陷入生活困难，并且现在黄某病休期间收入微薄，虽尚有房屋租金，但治病除医保报销之外，自己需负担一部分医药费相对黄某的收入难以为继。而张某除了固定每月领取军转干部生活困难补助费外，一直在外务工，因此，张某应当付给黄某扶养费以尽扶养义务。根据双方的情况，考虑到黄某的儿子也应依法尽赡养义务等因素，酌定张某支付黄某2 000元/月扶养费较适宜。遂作出了一审判决。

黄某、张某均不服一审判决，向中级人民法院提起上诉。

黄某上诉称，一审判决张某给付的扶养费过低，要求二审改判张某给付扶养费6 000元/月。张某上诉称一审判决他每月支付黄某某2 000元扶养费错误，要求二审改判他不予支付。

二审法院认为，《中华人民共和国婚姻法》规定，夫妻有互相扶养的义务，一方不履行扶养义务时，需要扶养的一方，有要求对方付给扶养费的权利。黄某与张某系夫妻，本应相互关心，彼此扶助，而张某在黄某身患严重疾病特别需要丈夫照顾时，却不履行丈夫义务、离家出走。现黄某虽有工资收入、房屋租金收入，但因其每天需服多种药，每月需负担不少的医药费，致使黄某生活陷入困难，作为丈夫的张某依法应对黄某尽扶养义务。虽然张某也患病，但张某未提供证据证明其所患之病需大量的医药费，加之张某除了每月固定领取军转干部生活困难补助费外，一直在外务工，有一定收入。同时，黄某也未提供充分证据证明张某有每月支付6 000元的经济能力。

一审根据双方的实际情况，结合张某还有儿子应当依法尽赡养义务及黄某有一定的经济能力等因素，酌定张某每月支付黄某2 000元扶养费是恰当的。遂判决驳回双方的上诉，维持原判。

法律条款

《中华人民共和国婚姻法》第二十条：夫妻有互相扶养的义务。一方不履行扶养义务时，需要扶养的一方，有要求对方付给扶养费的权利。

锦囊妙计

现实生活中，如果夫妻双方因扶养权利义务发生纠纷时，可以向人民法院起诉要求对方承担扶养义务。拒不履行对无独立生活能力的配偶的扶养义务，情节恶劣的，构成遗弃罪，要承担相应的刑事责任。一方不履行扶养义务时，需要扶养的一方，有要求对方付给扶养费的权利。

从司法实践来看，夫妻之间互负扶养义务，有两个条件：一是一方确实需要扶养，即指一方无独立生活能力，具体包括丧失劳动能力、无固定收入，缺乏生活来源、年老、患病，等等，生活水平将急剧下降、不能维持当地群众一般生活水平；二是另一方确实有能力扶养，即给付扶养费的一方，应该是从婚姻中获得利益的一方，并且是有相应经济能力和经济条件承担给付者，可以通过物质上的资助等方式使另一方能够生活，摆脱困境。当然，如果能够同时考虑物质和精神两方面的抚慰和照顾，则更应被全社会所提倡和发扬。

失独老人享有探望孙辈权利

探望权，又称见面交往权，是指离婚后不直接抚养子女的父亲或母亲一方享有的与未成年子女探望、联系、会面、交往、短期共同生活的权利。根据我国婚姻法和继承法的相关规定，在子女去世后，作为祖父母的失独老人，在特定情况下，也享有探望孙辈的权利。

案例解读

赵某与李某是一对老夫妻，其独子因交通事故去世，抛下了年轻的妻子王某和年幼的儿子乐乐。两老人和儿媳、孙子共同生活了一段时间后，王某带着乐乐回娘家居住。两老人称，儿媳不让他们看孙子。两老人已经失去了儿子，孙子是唯一的亲人和精神寄托。为了能见到孙子，两老人通过多方联系，找到王某协商，均遭拒绝。

后双方经公安机关调解达成协议，王某允许二老每月探望孙子7天，该协议履行了一年半后，王某因一些琐事又拒绝二老探望孙子。为此，两老人诉至法院，请求判令被告王某准予他们每月探视孙子7天。诉讼中，被告王某表示不同意两原告的诉请，称两原告的探视影响孩子的正常生活和学习，而且探视时间过长。

法院经审理认为，两原告在独子去世后，要求探视其孙子，符合中国传统道德观念，也符合公序良俗的原则。对于原告要求探视的主张，法院予以支持。

关于探视的时间，虽然原、被告之间签订了协议，但考虑到孩子上学、生活等问题，无法继续履行协议，法院确认两原告可每月探视孙子乐乐两次，时间为每月第二周、第四周的周六，被告应当对原告探视孙子乐乐予以协助。对于原告的其他诉讼请求，法院不予支持。

法律条款

《中华人民共和国婚姻法》第二十八条：有负担能力的祖父母、外祖父母，对于父母已经死亡或父母无力抚养的未成年的孙子女、外孙子女，有抚养的义务。有负担能力的孙子女、外孙子女，对于子女已经死亡或子女无力赡养的祖父母、外祖父母，有赡养的义务。

《中华人民共和国继承法》第十条：遗产按照下列顺序继承：第一顺序：配偶、子女、父母。第二顺序：兄弟姐妹、祖父母、外祖父母。

锦囊妙计

我国探望权制度系2001年4月28日第一次以法律的形式在新修订的《婚姻法》中正式确立，明确探望权的主体是离婚后不直接抚养子女的父或母。其中，并未涉及祖孙之间的探视问题。然而，根据《婚姻法》第二十八条，祖辈与孙辈之间具备法律上的权利义务，在特定情形下，祖父母、外祖父母对孙子女、外孙子女有抚养义务，即孙子女、外孙子女未成年；父母已经死亡或父母无力抚养；祖父母、外祖父母有负担能力。并且，在子女已经死亡或子女无力抚养，以及孙子女、外孙子女有负担能力的情形下，孙子女、外孙子女对祖父母、外祖父母有赡养义务。

同时，我国《继承法》也规定，祖辈有继承孙辈遗产的权利，孙辈也有继承祖辈遗产的权利。既然法律规定了在特定情形下，祖父母、外祖父母与孙子女、外孙子女之间有抚养、赡养、相互继承的权利与义务，那么，在特定情形下，应当赋予祖父母、外祖父母探望权。

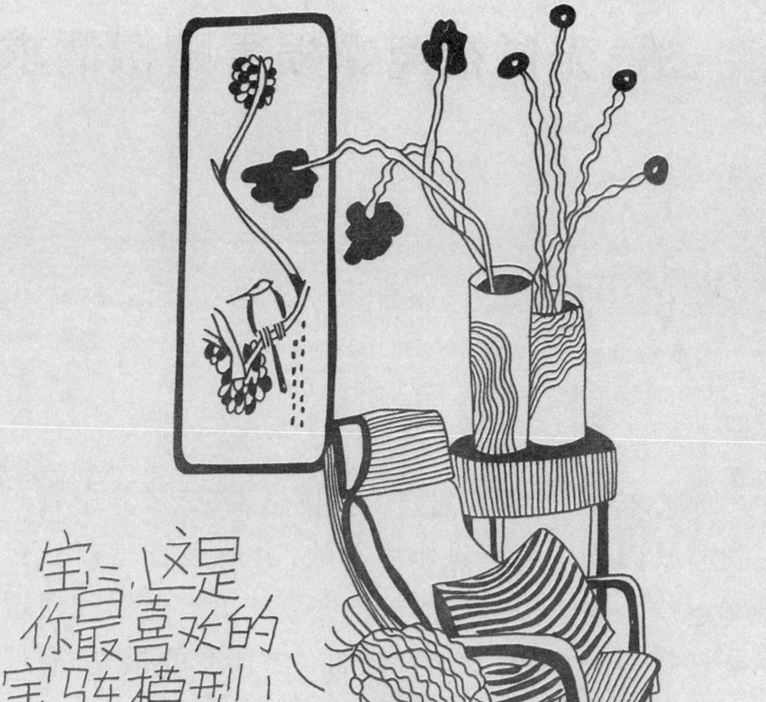
宝＝，这是
你最喜欢的
宝驿车模型！
谢＝
外婆！

无过错离婚损害赔偿请求权

近年来，老年人离婚的案例越来越多，其中有一些离婚纠纷是因为一方有过错引起的，此时无过错方享有离婚损害赔偿。离婚损害赔偿是指夫妻一方有过错致使婚姻家庭关系破裂，离婚时对无过错的一方所受的损失，有过错的一方应承担的民事赔偿责任。

案例解读

陈某与张某都60多岁了，结婚40年来，陈某经常因一些家庭琐事或酗酒后对张某大打出手。2018年4月，陈某喝酒后又对张某进行多次殴打，忍无可忍的张某选择离家出走。之后，张某决定与陈某离婚。2018年5月3日，张某与陈某达成离婚协议，并到婚姻登记机关办理了离婚手续。2018年5月16日，张某以在婚姻存续期间，陈某对其实施家庭暴力，使其身体遭受伤害与精神遭受巨大痛苦为由，向法院起诉，要求陈某赔偿精神损害抚慰金50 000元。陈某接到法院的应诉通知书后，感到很惊讶，认为既然已经协议离婚，何来精神损害赔偿？不同意赔偿。

法院审理后认为，陈某与张某在婚姻存续期间，陈某对张某实施家庭暴力的行为，有医院诊断证明，有派出所的出警与询问笔录，有居民委员会干部的证明，足以证明陈某对张某实施了家庭暴力行为，导致婚姻解体，陈某存在很大过错。尽管双方已经协议离婚，但在离婚协议中张某并没有明确放弃损害赔偿请求权，其起诉的时间也没有超过一年的除斥期，张某的诉讼请求予以部分支持。遂依法判决陈某赔偿张某精神损害抚慰金20 000元。

法律条款

《中华人民共和国婚姻法》第四十六条规定：有下列情形之一，导致离婚的，无过错方有权请求损害赔偿：(一) 重婚的；(二) 有配偶者与他人同居的；(三) 实施家庭暴力的；(四) 虐待、遗弃家庭成员的。

《最高人民法院关于适用〈中华人民共和国婚姻法〉若干问题的解释(二)》第二十七条：当事人在婚姻登记机关办理离婚登记手续后，以婚姻法第四十六条规定为由向人民法院提出损害赔偿请求的，人民法院应当受理。但当事人在协议离婚时已经明确表示放弃该项请求，或者在办理离婚登记手续一年后提出的，不予支持。

锦囊妙计

离婚损害赔偿制度是有配偶的一方因《婚姻法》第四十六条规定的事由而导致离婚的，有过错方在离婚时对无过错方所遭受的损失给予赔偿的制度。《最高人民法院关于适用〈中华人民共和国婚姻法〉若干问题的解释（二）》第二十七条对协议离婚后又提起损害赔偿诉请做出了规定，包括：当事人在婚姻登记机关办理离婚手续后，仍有权利提出损害赔偿请求；当事人在协议离婚时明确表示放弃损害赔偿请求权的，人民法院不予支持；当事人应当在婚姻登记机关办理离婚手续后一年内提出损害赔偿，逾期则不予支持。一年的规定属于除斥期间，不适用诉讼时效中关于中止、中断的规定。

本案中，张某在离婚协议中并没有明确放弃精神损害请求权，所以在办理离婚登记手续后一年内，她有权向法院起诉要求精神损害赔偿。

继子女对继父母有赡养义务

继父母与继子女之间是没有血缘关系的，本来也不存在权利义务关系，但法律赋予特定的继父母与继子女之间存在与生父母子女间相同的权利义务关系，我们称之为形成抚养关系的继父母子女关系，或称之为具有拟制血亲性质的父母子女关系。对于继父母与继子女已形成抚养关系，且继子女已经成年的，不管是生父与继母或生母与继父离婚，还是生父或生母死亡，只要没有经过法定程序解除继父母与继子女关系，继父母仍有权要求继子女履行赡养义务。

案 例 解 读

再婚夫妇互有扶养义务　继子女也应承担赡养义务

李某与韩某于2002年6月结婚，李某带着她与前夫所生2个子女与韩某共同生活。2018年5月，韩某在医院被诊断为鼻窦癌。为治疗疾病，韩某花去全部积蓄，遂向其妻子与有赡养能力的子女要求支付生活费及医药费，但其妻子及子女称没有义务承担韩某所需费用。韩某感到寒心，遂前往街道人民调解中心请求调解。经人民调解中心工作人员多次劝说与协商，最终达成协议，李某及2个子女同意每月共同支付韩某医药费1 000元，生活费500元。

案例中，李某与韩某是合法婚姻关系，他们夫妻之间，仍然有经济上的互相扶助，韩某现处于患病期间，且没有任何经济能力，作为夫妻中的另一方，李某应尽到夫妻间的扶养义务。韩某和他们共同生活多年，对2个继子女尽了抚养教育义务，彼此形成了具有抚养关系的继父子女关系，因而有权利要求他们承担赡养义务。

支付抚养费不是形成抚养关系的唯一标准

王某（男）与陈某（女）与1985年结婚，婚后生育一女平平，但隔不多久双方因感情不和离婚，女儿归女方抚养，男方承担女儿所有的读书和生活费用。1990年，陈某带女儿改嫁胡某，由于婚后双方没有生育子女，所以继父胡某对平平关怀备至、疼爱有加，20多年来给予平平无微不至的照顾。但随着年龄增长，平平与生父关系日益密切，2017年陈某因病医治无效死亡，平平与胡某来往日益减少。此后，胡某因为生意失败又大病一场，出院后生活日渐艰难，要求平平承担赡养义务。但平平认为，自己虽然与继父共同生活，但一直由其生父承担抚养费，所以不愿承担赡养义务。胡某听后气愤异常，遂于近日向法院起诉要求平平给付赡养费。

这个案例中，抚养教育和提供抚养费是两个不同的概念，抚养教育的内涵更加丰富，不仅包括提供抚养费，而且还包括生活上的照料、精神上的安慰等。胡某虽然没有提供抚养费，未在经济上尽到抚养责任，但已在生活上尽了抚养义务，形成了抚养关系，完全符合《婚姻法》第二十七条的规定。因此，法院对于胡某的诉请予以支持，判决平平承担赡养胡某的义务。

法律条款

《中华人民共和国婚姻法》第二十条：夫妻有互相扶养的义务。一方不履行扶养义务时，需要扶养的一方，有要求对方付给扶养费的权利。

第二十一条第三款：子女对父母有赡养扶助的义务。子女不履行赡养义务时，无劳动能力的或生活困难的父母，有要求子女付给赡养费的权利。

第二十七条：继父母与继子女间，不得虐待或歧视。继父或继母和受其抚养教育的继子女间的权利和义务，适用本法对父母子女关系的有关规定。

最高人民法院1986年3月21日《关于继母与生父离婚后仍有权要求已与其形成抚养关系的继子女履行赡养义务的批复》：王某梅1951年12月与李某景之父李某心结婚时，李某心有前妻所生子女李某景等五人（均未成年）。在长期共同生活中，王某梅对五个继子女都尽了一定的抚养教育义务，直至其成年并参加工作。1983年4月王某梅与李某心离婚。1983年8月王某梅向大连市西岗区人民法院起诉，要求继子女给付赡养费。针对王某梅是否有权要求李某景姐弟等人给付赡养费，最高人民法院答复，王某梅与李某景姐弟五人之间，既存在继母与继子女间的姻亲关系，又存在由于长期共同生活而形成的抚养关系。尽管继母王某梅与生父李某心离婚，婚姻关系消失，但王某梅与李某景姐弟等人之间已经形成的抚养关系不能消失。因此，有负担能力的李某景姐弟等人，对曾经长期抚养教育过他们的年老体弱、生活困难的王某梅应尽赡养扶助的义务。

锦囊妙计

两个案例都说明，判断继子女对继父母是否具有赡养义务，首先要看继父母与继子女之间是否形成了事实上的抚养关系。如果存在事实上的抚养关系，即使继父母与生父母解除婚姻关系，当继父母没有其他生活来源的时候，继子女对继父母仍具有赡养义务。

因此，在日常生活中，要正确认识和处理此类问题，关键在于厘清继父母与继子女之间是否形成抚养关系。有抚养事实，就有抚养关系。继父母与继子女之间已经形成事实上的抚养关系的，继子女依法应该承担赡养义务。在此，抚养事实的认定，最为重要。通常情况下，未成年的继子女随生父与继母或随生母与继父共同生活，即有抚养事实。

需要清楚的是，继父母对未成年的继子女有可以形成抚养关系的抚养事实，须具备两个条件：一是生父或生母对子女有直接抚养权，二是继母或继父与继子女共同生活。但有一点例外，就是16周岁以上不满18周岁的继子女，如果是以自己的劳动收入为主要生活来源，虽然跟随有直接抚养权的生父或生母与继母或继父共同生活，但是一般不能认定继父母对继子女有能形成抚养关系的抚养事实。

成年子女啃老受到法律制裁

据中国老龄科研中心公布的一组调查数据显示，我国65%以上的家庭存在“老养小”现象，有30%左右的成年人靠老年人养活，这就是通常所说的“啃老”现象。“啃老族”认为在家里吃老人的、用老人的、要老人的都是应该的。殊不知，年轻人的“啃老”行为，严重侵害了老年人的合法权益。

案例解读

赵某出生于1984年，2010年结婚。因为自己没有住房，赵某夫妻长期和父母一同住在父母购买的房子中，而且从来不交生活费，不承担应有的家庭责任。赵母说起儿子儿媳的种种劣迹，既后悔又伤心：“我们对儿子的要求是有求必应，处处替他着想，但儿媳经常因为生活琐事和我们发生争执，甚至打骂我们。为了子女的幸福和谐，我们一忍再忍。而儿媳却无视我们的忍让，反而认为我们软弱可欺，仍旧为所欲为。”

赵父说：“儿子娶妻以后，和我们住在一起，从来不负担家用开支，家庭矛盾不断激化，儿子儿媳甚至辱骂前来探望的亲戚朋友。2017年年底，在无任何原因的情况下，儿媳打了我一个耳光，并把室内玻璃砸坏。2018年4月，儿子、儿媳吵架，儿媳在家里装疯卖傻大闹一场。我们到居委会和派出所报了案，他们也到家里进行过调解，但没有效果。我们实在无法忍受儿子、儿媳的所作所为，为保护我们自己的合法权益，坚决要求他们立即从我们所有的房屋内搬出。”

法院经审理认为，这套房屋的所有人是两名原告，也就是赵某的父母，他们对该房屋有占有、使用、收益、处分等权利。原、被告虽然是父母子女关系，但是双方在共同生活期间，经常因生活琐事发生矛盾，给双方的正常生活造成影响，因此，原告要求两名被告立即从自己所有的住房内搬出的诉讼请求合法有理，法院应当支持。

本案是一个典型的因成年子女“啃老”行为而严重侵犯父母财产权的案件。“啃老族”是一个怪胎。父母的溺爱思想纵容了有“啃老”倾向的孩子。“啃老族”的普遍存在，已严重影响家庭和睦，甚至引发家庭纠纷，应引起全社会和每个家庭的重视。在以往的家庭纠纷中，父母往往因为碍于面子或对子女的疼爱，而放弃了法律解决的方式，才使得“啃老”之风愈演愈烈。

对于“啃老族”，以往人们大多是从道德方面进行批评、抨击，本案中法院的做法却是通过审判活动对“啃老族”迎头一击。此案让那些“啃老族”明白，他们的“啃老”行为，法律对他们说“不”；老年人也要明白，遇到不敬不孝的“啃老族”，应该坚决拿起法律武器，维护自身权益。

法律条款

《中华人民共和国老年人权益保障法》第二十二条：老年人对个人的财产，依法享有占有、使用、收益和处分的权利，子女或者其他亲属不得干涉，不得以窃取、骗取、强行索取等方式侵犯老年人的财产权益。

第七十六条：家庭成员盗窃、诈骗、抢夺、侵占、勒索、故意损毁老年人财物，构成违反治安管理行为的，依法给予治安管理处罚；构成犯罪的，依法追究刑事责任。

锦囊妙计

“啃老族”主要有几种：就业后仍在吃住等方面“啃老”；没找到工作、无收入的年轻子女靠父母养活；还有部分“4050”人员下岗后没有合适的工作成为“啃老族”，他们往往是拖儿带女地“啃老”，给年迈的父母带来沉重的经济负担。更加令人难以接受的是，这些“啃老族”不但从经济上“啃老”，还从精神上“啃老”：找不到工作或在单位工作不顺心，都要父母出面解决。这种对老人精神上的“啃噬”，实际上是孩子缺少自立自强意识的表现，这更让老人伤心。

分析认为，心理素质差、安于现状、缺乏家庭责任感和社会责任感，是这些体质健全的中青年人成为“啃老族”的主要原因。一直以来，中国的父母最爱儿女，他们把为儿女做饭、购衣、挣钱、买房，当成是自己的责任和义务。当子女大学毕业找不到工作时，父母会自我安慰般地解释：“没有工作是小事，只要儿女平平安安、健健康康，不到外面学坏就行了。”于是，父母不仅承担了子女吃、穿、用以及教育、医疗，娱乐、时尚等生活消费需求，还要操心子女的婚姻大事、结婚住房等等。

应该说，如果具有完全民事行为能力且有独立生活能力的成年子女，强行住父母的房子、吃父母的饭、拿父母的钱，这类子女的啃老行为就已经涉嫌侵犯父母的财产权。遇到这种情况，父母可以要求子女无条件搬出去，或拒绝为他们提供饮食和金钱，也可以通过法律手段维护个人的合法权益。

第二篇

财产权益处置

谨慎·规划

要想晚年拥有幸福生活，老年人要妥善处理好自身健康、夫妻关系、物质保障和社会交往等四个方面。这四个方面构成了最基本的生存需求，一方面是安全感，另一方面是归属感。安全感包括自己的身体状况以及财产等物质方面的保障，而朋友和老伴是情感的归属。

然而，近年来，因遗产继承而损害老年人继承权，子女以赡养为借口攫取老人财产、侵吞老人房屋等纠纷案件，时有发生，严重侵害了老年人的合法权益。这严重动摇了老年人幸福生活的物质保障基础，引起了社会各界的关注，更需要老年朋友的重视。

老年人再婚应做好财产安排

丧偶或离异的男女重新组合家庭，本是件好事，但拖儿带女走在一起的“半路夫妻”，各自所拥有的财产在家庭成员间常常变成事端的制造者。如何避免这样的尴尬，还婚姻以宁静而幸福的本色呢？

老年人再婚时，应该特别注意以下几个事项：再婚前应做好调查了解，全面掌握对方家庭实际情况；为使再婚后的生活得到法律的保护，老年人应该办理结婚登记手续；为了避免再婚后经济上的可能纷争，再婚前应要做好相关财产安排。

案例解读

袁某今年75岁，身体还算硬朗。由于他是再婚，对于以后孩子们的财产分配事宜，总是有所担心。前几天，袁某在专业人士指导下，订立了一份财产遗嘱，他心头一块石头才落了地。

原来，袁某第一任老伴儿早年去世，他独自将一双儿女抚养成人。儿女成年之后，袁某开始打算自己的老年生活。不久，便和现任老伴儿结婚了。袁某的一双儿女不看好他和现任老伴儿的婚姻，所以从袁某结婚之后就再也没有联系过。袁某与第二任老伴儿结婚之后，生下了小儿子，如今小儿子才11岁。袁某一方面想念两个孩子，想要和好如初；另一方面担心自己的身体情况，所以需要提前安排好现任老伴儿和小儿子的生活。

当年，袁某和前任老伴儿用工龄一起买了两套房子，老伴儿去世以后，跟儿女们商量之后，就全部过户到自己名下了。如今，袁某想留给一双儿女一套房产，留给现任老伴儿和小儿子一套房产，希望能减少一些家庭矛盾，也保障老伴儿晚年生活和小儿子的健康成长。

现实生活中，老年朋友如果不早立遗嘱，或者所立遗嘱无效，晚年生活中可能会出现大问题。本案中，袁某订立财产遗嘱的做法，值得广大老年人学习借鉴。按照《中华人民共和国继承法》的规定，遗嘱形式只有五种，公证遗嘱、自书遗嘱、代书遗嘱、录音遗嘱、口头遗嘱。如果遗嘱经过了公证，基本上100%有效，受到法律保护，即使子女对财产分配不满，也无可奈何。因此，老年朋友订立财产遗嘱，要尽可能办理公证遗嘱。

同时，订立遗嘱，需要注意以下几点：一是遗嘱所能处分的财产，只能是遗嘱人的个人财产。如果是家庭共同财产，要先确权，再分别订立遗嘱；如果订立共同遗嘱，需夫妻双方共同签字。订立遗嘱如果不考虑这一因素，可能导致遗嘱无效。二是代书遗嘱，就是请人代写遗嘱，我国继承法对格式的规定很严格：代书遗嘱应当有两个以上见证人在场见证,由其中一人代书,注明年、月、日,并由代书人、其他见证人和遗嘱人签名。无行为能力人、限制行为能力人,继承人、受遗赠人,与继承人、受遗赠人有利害关系的人,不能作为遗嘱见证人。三是无论订立何种形式的遗嘱,均要确保订立遗嘱时遗嘱人有完全行为能力,因为按照我国《继承法》,无行为能力人或者限制行为能力人所立的遗嘱无效。

法律条款

《中华人民共和国婚姻法》第十七条:夫妻在婚姻关系存续期间所得的下列财产,归夫妻共同所有:(一)工资、奖金;(二)生产、经营的收益;(三)知识产权的收益;(四)继承或赠与所得的财产,但本法第十八条第三项规定的除外;(五)其他应当归共同所有的财产。夫妻对共同所有的财产,有平等的处理权。

第十八条:有下列情形之一的,为夫妻一方的财产:(一)一方的婚前财产;(二)一方因身体受到伤害获得的医疗费、残疾人生活补助费等费用;(三)遗嘱或赠与合同中确定只归夫或妻一方的财产;(四)一方专用的生活用品;(五)其他应当归一方的财产。

第十九条:夫妻可以约定婚姻关系存续期间所得的财产以及婚前财产归各自所有、共同所有或部分各自所有、部分共同所有。约定应当采用书面形式。

夫妻对婚姻关系存续期间所得的财产以及婚前财产的约定，对双方具有约束力。夫妻对婚姻关系存续期间所得的财产约定归各自所有的，夫或妻一方对外所负的债务，第三人知道该约定的，以夫或妻一方所有的财产清偿。

锦囊妙计

我国《婚姻法》规定，夫妻登记结婚前已经形成的财产属夫妻一方所有的个人财产，婚后在夫妻关系存续期间所得的工资、生产或经营收入等则属于夫妻共同财产。因此，每一个再婚家庭的财产主要分三块：夫妻双方的共同财产，妻子的个人婚前财产和丈夫的个人婚前财产。

如何处理再婚家庭的共同收入和共同支出，是再婚家庭处理财产的最常见、最敏感的问题。在经济条件允许的情况下，尽力保留婚前财产是理所当然的，日常收支处理更需夫妻双方相互信任，至少家庭财务要公开透明，共同规划。

老年人再婚，应该提前做好财产安排，避免以后产生麻烦和纠纷。一般来说，老年人再婚前，可以做出以下财产处理：

一是签订婚前协议。为了老年人再婚的顺利进行以及对各方子女的承诺，再婚老年人应当签订一份婚前协议。协议的主要内容应包括双方的婚前财产归属、再婚后的生活、医疗、子女关系以及其他婚后财产归属等问题。必要时还可以对婚前协议进行公证。

二是订立财产遗嘱。对于老年人再婚前的财产，可以按照《继承法》的规定，婚前财产的继承权不变，均由自己的子女继承，与对方子女无关。但是，再婚老人婚后所形成的共同财产，双方子女都有相互继承的权利。因此，为了防止子女之间因此闹矛盾，最好先订立遗嘱，对财产进行明确分配。

三是设置财产信托。如果再婚的老年人拥有大量的资产，为了避免再婚后产生财产问题，可以沿用西方的做法，进行家庭或者个人财产信托。

我们都结婚了，你怎么还老看着你的前妻呀！

欺骗签订房屋交换协议无效

“无效协议”又可称作为“无效合同”，是指违反了合同成立的要件或者违反法律的强制性规定导致无效的协议。所谓无效合同，是指合同虽然成立，但因欠缺法定有效要件，不发生法律效力的合同。这里的不发生法律效力，是指不发生该合同当事人所追求的法律效果。

案例解读

潘老太年近古稀，丈夫去世后一直与大儿子住在一起，后来儿媳单位增配一间住房，儿媳为了住得更宽敞，利用潘老太目不识丁，让潘老太在房屋使用交换协议上签了字，同意搬到增配房去。潘老太搬过去后，环境不适应，生活不方便，没过多久就又搬了回来。没想到儿媳竟以潘老太违反协议为由，告到了法院。潘老太又气又急，不知如何是好。邻居看不过去，纷纷联名到法院要求公正处理。

法院进行了认真细致的调查工作，查明了案件真相，认定房屋交换协议无效，依法维护了潘老太的合法权益，潘老太又可以住在安静舒适的老房子里了。本案中，初看起来，是潘老太违背了协议，不应该搬回原来的住处，事实上是儿媳以欺骗手段让潘老太签订了协议，意在侵占潘老太的房屋。

法律条款

《中华人民共和国合同法》第五十二条：有下列情形之一的，合同无效：（一）一方以欺诈、胁迫的手段订立合同，损害国家利益；（二）恶意串通，损害国家、集体或者第三人利益；（三）以合法形式掩盖非法目的；（四）损害社会公共利益；（五）违反法律、行政法规的强制性规定。

《中华人民共和国老年人权益保障法》第十六条：赡养人应当妥善安排老年人的住房，不得强迫老年人居住或者迁居条件低劣的房屋。老年人自有的或者承租的住房，子女或者其他亲属不得侵占，不得擅自改变产权关系或者租赁关系。老年人自有的住房，赡养人有维修的义务。

第七十二条：老年人合法权益受到侵害的，被侵害人或者其代理人有权要求有关部门处理，或者依法向人民法院提起诉讼。人民法院和有关部门，对侵犯老年人合法权益的申诉、控告和检举，应当依法及时受理，不得推诿、拖延。

锦囊妙计

一方以欺诈、胁迫手段订立的合同，属于意思表示不真实的合同，一般属于可变更或撤销的合同，但是如果还损害了国家利益，则属于无效合同。如果子女以各种欺骗、胁迫方式与老年人订立房屋、财产转让合同的，老年人就可以向法院申请撤销合同，或认定合同无效，以此维护自己的合法权益。

值得注意的是，在本案中，如果潘老太没有当上被告，而房屋被儿媳侵占，这样的事又有谁来管？难道仅仅靠邻居们的联名信，就能维护老年人的合法权益，弘扬尊老、敬老的美德吗？

显然不是如此。根据《老年人权益保障法》第七条规定，保障老年人合法权益是全社会的共同责任。国家机关、社会团体、企业事业单位和其他组织应当按照各自职责，做好老年人权益保障工作。基层群众性自治组织和依法设立的老年人组织应当反映老年人的要求，维护老年人合法权益，为老年人服务。提倡、鼓励义务为老年人服务。可见，基层政府、街道社区、老年人工作机构等在这方面应切实发挥作用，履行职责，更好地维护老年人合法权益。由于老年人具有年老体衰等生理心理特征，合法权益一旦受侵害又不知如何是好，往往不愿通过诉讼程序解决，怕丢面子，伤感情。法院的诉讼程序对于他们来说，也有点力不从心。因此，老年人工作更需要通过基层政府、街道社区、老龄委等工作机构来加强监督和管理，贯彻党和国家的有关方针政策，维护老年人的权益。

过早把房产给子女贻害无穷

近年来，为了让子女更好地照顾自己，越来越多的老年人把房产馈赠给子女。没想到，个别不孝子女获得了房产，却不履行赡养的义务和责任，使得老年人的晚年生活陷入困境。

案例解读

过早赠与房产惹祸端

80岁的黄老伯有三儿一女。5年前，老伴过世后，黄老伯的身体每况愈下，就轮流在几个孩子家生活。黄老伯不想一直再“流动”下去，于是就和女儿商议，在女儿家安度晚年，把房子留给女儿。没想到，房子过户给女儿后，女儿以种种理由阻止父亲住在家中，一心想把父亲送进养老院。而3个儿子得知父亲把房子给了女儿后，也纷纷与父亲翻脸。黄老伯陷入困境。

老年人生活能力下降，对子女依赖性增强，渴望子女的关注与照顾。在这种情况下，往往愿意将财产与子女共享，比如房子给子女住、存款给子女用。但是，部分子女受益后不要说孝顺父母，有的反而变本加厉地啃老，导致老年人晚年生活陷入困境。因此，老年朋友向子女赠与房产等财产，一定要十分谨慎。

子女为争房产引纷争

方老先生已快90岁，有两个女儿，曾有自有房屋一套。5年前，因小女儿一直觊觎方老先生的房屋。对此，方老先生十分不悦，一气之下将自有房屋私下里公证赠与大女儿。小女儿无意之中得知此事，十分恼怒，威胁说不再承担赡养义务。方老先生求助律师，想要回房屋产权，卖掉后将房款平分给两个女儿。经过调解，大女儿及其家人同意将一半房产由小女儿处理，方才平息了父女间的纠纷。

老人要想安享晚年，不能只是期待子女主动尽孝，而应积极做好养老规划，尤其向子女赠与房产，更应慎之又慎。特别是，不宜过早无条件或条件不明晰地赠与子女。即使要赠与，也要在赠与协议中明确约定，履行赡养义务是赠与房产的先决条件，或是保留老人对房屋的居住权，等等。这样一来，子女一旦不履行赡养义务，老人就可以撤销赠与。我国《合同法》第一百九十二条规定，严重侵害赠与人或赠与人近亲属；对赠与人有抚养义务而不履行……赠与人可以撤销赠与。也就是说，子女受赠房产应孝敬父母，尽到赠与合同所附义务或法律规定义务，任何子女均不可侵害父母的利益或不尽抚养义务，否则即使是产权已登记过户的房产，取得的房屋也有可能被撤销赠与。

法律条款

《中华人民共和国老年人权益保障法》第十六条：老年人自有的或者承租的住房，子女或者其他亲属不得侵占，不得擅自改变产权关系或者租赁关系。

第二十二条：老年人对个人的财产，依法享有占有、使用、收益和处分的权利，子女或者其他亲属不得干涉，不得以窃取、骗取、强行索取等方式侵犯老年人的财产权益。

《中华人民共和国合同法》第一百九十条：赠与可以附义务。赠与附义务的，受赠人应当按照约定履行义务。

第一百九十二条：受赠人有下列情形之一的，赠与人可以撤销赠与：(一) 严重侵害赠与人或者赠与人的近亲属；(二) 对赠与人有扶养义务而不履行；(三) 不履行赠与合同约定的义务。

赠与人的撤销权，自知道或者应当知道撤销原因之日起一年内行使。

第一百九十三条：因受赠人的违法行为致使赠与人死亡或者丧失民事行为能力的，赠与人的继承人或者法定代理人可以撤销赠与。

赠与人的继承人或者法定代理人的撤销权，自知道或者应当知道撤销原因之日起六个月内行使。

第一百九十四条：撤销权人撤销赠与的，可以向受赠人要求返还赠与的财产。

第一百九十五条：赠与人的经济状况显著恶化，严重影响其生产经营或者家庭生活的，可以不再履行赠与义务。

锦囊妙计

房产“换”赡养，要不得！老年人不要把财产作为遗产过早留给子女。老年人辛苦一辈子获得的房产、积蓄等，其实是老年人养老保障的物质基础。一旦馈赠给子女，老年人将无法掌握生活的主动权。原来平衡、和谐的关系也会因为财产、利益的变化发生改变。因此，老年人也应学会理财，把财产作为养老保障的补充。

因此，老年人要强化四个意识：

一是财产意识。为避免夫妻一方去世后另一方陷入生存困境，老人最好提前做好个人财产的储备。

二是遗产意识。最好进行财产公证或办理遗嘱公证，对自己身后的财产分配做出书面说明。

三是维权意识。一些老人觉得和晚辈争财产不光彩，明知吃亏也忍气吞声。现在是法治社会，这种观念要不得。

四是执行意识。立遗嘱时要考虑到具体执行的公正性和可行性。

再婚老年人财产处置应谨慎

老年人对个人的财产，依法享有占有、使用、收益和处分的权利，子女或者其他亲属不得干涉，不得以窃取、骗取、强行索取等方式侵犯老年人的财产权益。为保护自己的权益，老年朋友们特别是再婚的老年人，在处置自己的财产时，一定要慎之又慎。

案例解读

杨某与夏某经人介绍，于2000年4月登记结婚，双方均系再婚，杨某与前妻育有二子，夏某与前夫育有一子。2005年10月22日双方签订了《关于房屋所有权和使用权的协议》，内容为："2001秋，杨、夏共同出资2.5万元，用于购买杨的原承租房。约2002年，杨、夏共同将此房屋过户给杨的大儿子和二儿子。2003年在单位分房时，夏上交婚前财产，杨、夏共同购买了一套经济适用房。鉴于杨的原住房和住房面积差额补贴已经全部给予杨的两个儿子，杨自愿放弃属于本人的部分房屋所有权，并自愿主动将房屋的所有权全部赠与夏某。”

2018年夏某向杨某提出离婚，因杨某不同意离婚，法院判决驳回夏某诉求。离婚案件生效后，杨某提出诉讼，要求确认经适房为双方夫妻共同财产，并表示协议是其先签字后，夏某一个多月后才签字，该协议只是其一个意向书，不是明确的意思表示，没有生效，且其只有这一处住房，不可能将房屋赠与夏某。法院经审理认为经适房确系双方夫妻共同财产，但杨某所签协议系其真实意思表示，其已将其所有的经适房份额赠与夏某，故该房屋属于夏某个人财产。

本案的赠与关系已经成立，杨某无权收回房产。一方面，杨某2005年10月22日签订协议、赠与房产的法律行为，意思表示是真实的。意思表示真实是指行为人表现于外部的表示与其内在的真实意志相一致，即不存在认识错误、欺诈、胁迫等外在因素而使得表示意思与效果意思不一致。意思表示真实是民事法律行为生效的必备条件之一，另外两个必备条件分别是行为人具有相应的民事行为能力和不违反法律或者社会公共利益。另一方面，我国《合同法》第一百九十二条第一款规定：“受赠人有下列情形之一的，赠与人可以撤销赠与：(一）严重侵害赠与人或者赠与人的近亲属；(二）对赠与人有扶养义务而不履行；(三）不履行赠与合同约定的义务。”而在本案中，并不存在所列三种情形之一，决定了杨某无权撤销。该案的法院判决又一次提醒再婚老年朋友，再婚后处置财产一定要谨慎。

法律条款

《中华人民共和国老年人权益保障法》第二十二条：老年人对个人的财产，依法享有占有、使用、收益和处分的权利，子女或者其他亲属不得干涉，不得以窃取、骗取、强行索取等方式侵犯老年人的财产权益。老年人有依法继承父母、配偶、子女或者其他亲属遗产的权利，有接受赠与的权利。子女或者其他亲属不得侵占、抢夺、转移、隐匿或者损毁应当由老年人继承或者接受赠与的财产。老年人以遗嘱处分财产，应当依法为老年配偶保留必要的份额。

《中华人民共和国民法通则》第五十五条：民事法律行为应当具备下列条件：(一）行为人具有相应的民事行为能力；(二）意思表示真实；(三）不违反法律或者社会公共利益。

《中华人民共和国合同法》第一百九十二条：受赠人有下列情形之一的，赠与人可以撤销赠与：(一）严重侵害赠与人或者赠与人的近亲属；(二）对赠与人有扶养义务而不履行；(三）不履行赠与合同约定的义务。

赠与人的撤销权，自知道或者应当知道撤销原因之日起一年内行使。

锦囊妙计

老年人再婚后，常常基于维系夫妻关系、证明对配偶的感情等因素，较早进行财产处分，如将房产过户至配偶名下，或在婚内财产进行约定的时候将夫妻共同财产确认为配偶一人所有。但是，很多老年人在处分个人财产时缺乏谨慎的考虑和理性的判断，尤其在配偶以物质需求为结婚动机的情况下，作出财产处分时往往过于轻率。日后如因感情破裂等原因欲追回相关财产，将会面临一定的麻烦和障碍。

专家建议，老年人处理自己的财产时一定要谨慎，司法机关应选择相关法律、典型案例进行宣传，最好设立法律咨询平台，为老年人提供便利的法律咨询，提示再婚老年人加强法律意识，妥善处理好财产问题。对于已经进入诉讼程序的案件，法院应加强调解工作，力争在维护老年人合法权益的同时，也保护其情感和尊严。

再婚夫妇也享有财产继承权

对离异或丧偶的人来说，通过再婚重新组建家庭，享受在一起互相鼓励、扶持的晚年生活，本是一件好事，但是再婚父母百年之后，再婚家庭遗产继承问题，却成为当下一个热点和难点问题。

案例解读

张大爷与王老太均是早年丧偶，步入晚年后两人结成了夫妻。结婚后不久张大爷就去世了，未留下遗嘱。张大爷的子女认为，王老太作为其“后老伴儿”，只有权利分得两人夫妻关系存续期间的共同财产，张大爷婚前的个人财产与王老太没有关系，只能由张大爷的子女继承。

《继承法》第十条规定，遗产按照下列顺序继承：其中第一顺序包括配偶、子女、父母。本案中，张大爷因未留有遗嘱，故其婚前财产作为遗产范围，应首先由第一顺序继承人继承，王老太虽然与张大爷均为丧偶再婚，时间也较短，但其仍为《继承法》第十条规定的第一顺序继承人中的配偶，故其对张大爷的婚前财产拥有和子女平等的继承权。

法律条款

《中华人民共和国继承法》第十条：遗产按照下列顺序继承：第一顺序：配偶、子女、父母。第二顺序：兄弟姐妹、祖父母、外祖父母。继承开始后，由第一顺序继承人继承，第二顺序继承人不继承。没有第一顺序继承人继承的，由第二顺序继承人继承。本法所说的子女，包括婚生子女、非婚生子女、养子女和有扶养关系的继子女。本法所说的父母，包括生父母、养父母和有扶养关系的继父母。本法所说的兄弟姐妹，包括同父母的兄弟姐妹、同父异母或者同母异父的兄弟姐妹、养兄弟姐妹、有扶养关系的继兄弟姐妹。

第二十七条：有下列情形之一的，遗产中的有关部分按照法定继承办理：(一) 遗嘱继承人放弃继承或者受遗赠人放弃受遗赠的；(二) 遗嘱继承人丧失继承权的；(三) 遗嘱继承人、受遗赠人先于遗嘱人死亡的；(四) 遗嘱无效部分所涉及的遗产；(五) 遗嘱未处分的遗产。

《中华人民共和国老年人权益保障法》第二十二

条：老年人对个人的财产，依法享有占有、使用、收益和处分的权利，子女或者其他亲属不得干涉，不得以窃取、骗取、强行索取等方式侵犯老年人的财产权益。老年人有依法继承父母、配偶、子女或者其他亲属遗产的权利，有接受赠与的权利。子女或者其他亲属不得侵占、抢夺、转移、隐匿或者损毁应当由老年人继承或者接受赠与的财产。老年人以遗嘱处分财产，应当依法为老年配偶保留必要的份额。

锦囊妙计

值得注意的是，与本案类似的纠纷，在实践中经常出现一种较为复杂的情形，即张大爷家里对早年去世的配偶的遗产尚未分割，那么，王老太对张大爷的前任配偶留下未分割的那部分遗产是否有权利继承？答案是肯定的。

张大爷早年的配偶去世后，虽然家里对其配偶的遗产并未分割，张大爷及其子女仍有相应份额的继承权，在张大爷去世后，其之前继承的该份额转化成其个人遗产，故王老太仍有权主张继承相应份额。

还有一种可能，假如张大爷去世前留有遗嘱，将其婚前个人财产和婚后共同财产均交由其儿子继承，王老太还能继承一定份额吗？张大爷的遗嘱属于部分无效的情况，王老太对其与张大爷婚后的共同财产当然还享有继承权。我国《继承法》第二十七条明确规定了遗嘱存在部分无效的情形。根据假设，张大爷虽然遗嘱中处分了与王老太夫妻关系存续期间的共同财产，对于王老太享有的财产部分所立的遗嘱属于无权处分行为，但其遗嘱中其他内容仍然有效。也就是说，张大爷在遗嘱处分的法律后果是：其对个人婚前财产及个人婚后共同财产中其本人部分的处分有效，上述部分的遗产应由其儿子继承。

遗赠扶养协议助力老年生活

幸福的晚年生活，需要老年人主动规划安排。遗赠扶养协议制度，作为我国继承立法上的一个创造，可资利用。拥有一定的房屋财产等，但没有子女或子女不在身边、独立生活存在困难而需要他人照顾的老年人，可以通过签订遗赠扶养协议的方式，安排自己的生养死葬事宜。

案例解读

遗赠扶养协议依法受到法律保护

孤寡老人李某配偶早年去世，且无儿无女。李某与王某是邻居，王某平时对李某不错。李某为了晚年有人照顾，就希望与王某订立遗赠扶养协议。于是，双方找人起草了一份协议，约定：李某由王某赡养，待李某百年之后由王某取得李某所拥有的房屋。随后，王某尽心尽力地照顾了李某的日常生活，3 年后，李某因病去世。李某的侄子在得知老人去世的消息后，要求继承老人的房产。王某与李某的侄子发生争议：王某认为根据自己和李某签订的协议，自己应当取得李某遗留的房产。而李某侄子则认为，老人无儿无女，自己是李某的侄子，应当继承遗产，而且协议不属于合同没有效力。双方无法达成一致，李某侄子起诉至法院，请求法院判令由自己继承李某的遗产。

本案的关键点有四：其一，王某与李某签订协议约定，李某由王某赡养，待李某百年之后由王某取得李某所拥有的房屋。其二，王某尽心尽力赡养了李某，李某因病去世。其三，李某的侄子认为王某与李某签订的协议不属于合同，没有效力，李某无儿无女，自己是老人的侄子应当继承遗产。其四，双方无法达成一致，李某侄子起诉至法院要求继承遗产。

本案中，原告李某侄子提出，王某与李某老人签订的协议不受合同法的保护，属于无效协议。遗赠扶养协议不受合同法的保护这一点是对的，但并不说明它是无效的。的确，合同法调整的范围主要是涉及公民之间财产方面的合同，对于涉及人身方面的合同，比如本案中的遗赠扶养协议，还有离婚协议、收养协议等，都不受合同法的约束。这些协议分别受到其他相关法律的约束，如遗赠扶养协议受继承法调整，离婚协议受婚姻法调整，收养协议受收养法调整。总之，王某与李某签订的遗赠扶养协议是合法有效的。

法院审理后认为，王某与李某签订的遗赠扶养协议合法有效，且王某切实履行了遗赠扶养协议，对李某进行了生养死葬的义务。因此，判令驳回原告的诉讼请求。

签订遗赠扶养协议　最好依法办理公证

李大爷年老体弱，独身一人，与外孙女张某签订有《遗赠扶养协议》，并在公证处办理公证。该协议约定，李大爷跟随张某生活，在其有生之年，由张某夫妻负责照顾衣食起居和医疗等；在其去世之后，由张某夫妇负责丧葬事宜。李大爷在市区有一套三房一厅的住房，用李大爷名义购买了产权（张某夫妻也出资一小部分），李大爷去世后遗赠给张某夫妻，房屋所有权转移给张某夫妻；其他共有财产及李大爷个人财产，全部归张某夫妻所有，他人无权占有。

李大爷去世之后，其养女方某认为，《遗赠扶养协议》上李大爷的签章不真实、不具有法律效力，诉至法院要求按法定继承来继承李大爷的财产。

法院经审理认为，该协议经公证具有法律效力，且经查实李大爷生前随张某夫妻生活，其丧葬事宜亦由其办理，张某夫妻切实履行了该协议的义务。于是，驳回了方某的诉讼请求。

法律条款

《中华人民共和国继承法》第三十一条：公民可以与扶养人签订遗赠扶养协议。按照协议，扶养人承担该公民生养死葬的义务，享有受遗赠的权利。

公民可以与集体所有制组织签订遗赠扶养协议。按照协议，集体所有制组织承担该公民生养死葬的义务，享有受遗赠的权利。

锦囊妙计

遗赠扶养协议是继承法中规定的一种协议，是遗赠人与扶养人之间订立的，确定遗赠与扶养民事权利义务关系的协议。这种协议规定，扶养人承担遗赠人生养死葬的义务，并于遗赠人死后取得其遗产。一般来说，这里的遗赠人是没有子女或子女不在身边、独立生活存在困难而需要他人照顾的老人。他享有受扶养人扶养的权利，负有死后将其遗产遗赠给扶养人的义务；这里的“扶养人”是指法定继承人以外的其他公民或集体所有制组织。

需要强调的是，遗赠扶养协议中的扶养人不能是法定继承人，因为法定继承人与被继承人之间具有法定的互相扶养和互相继承的权利义务关系，用不着以协议的形式来确定。

遗赠扶养协议是我国继承立法的一个创造，具有鲜明的中国特色，其主要特点包括：(1) 遗赠扶养协议的主体一般有限制。遗赠人只能是公民，扶养人必须是法定继承人以外的人，也可以是集体所有制组织，而且须具有扶养能力和扶养条件，同时扶养人没有法定的抚养义务。(2) 遗赠扶养协议是一种协议行为。(3) 遗赠扶养协议双方，互相权利，互负义务。扶养人负有对遗赠人生养死葬的义务，享有接受遗赠人遗赠财产的权利；遗赠人享有接受扶养的权利，负有将其遗产遗赠给扶养人的义务。(4) 遗赠扶养协议必须是书面形式，不能为口头形式，以便明确双方的权利义务，有利于协议的履行。

老年人在签订遗赠扶养协议时，应该尽量保证内容详细具体，明确规定双方的权利和义务，最好请具有法律常识的人帮助拟订，以保证协议的真实、合法、有效。而且，签订遗赠扶养协议最好是到公证机构办理公证，以保证其法律效力，避免日后发生纠纷。

子女侵占老人房产涉嫌犯罪

很多老年人早年通过房屋产权制度改革，拥有了自己的房子。近年来，一些不负责任的成年子女盯上了老人的房产，使得老人房产成为子女侵权和继承纠纷的焦点。随着我国法治化进程的加快，此类侵权事件、纠纷矛盾的法院判决也越来越多，老年人的合法权益得以依法受到维护。同时，也要提醒老年朋友，日常生活中三样东西不要放手：房产证、户口本和钱。

案 例 解 读

彭某霸占父亲房屋被强制迁出

彭某要与女友结婚，自己买不起房，要求借用父母的房屋。父母将房屋腾出后，外出租房另住。现在孩子都5岁了，彭某两口子也都有工作，可还是住在父母的房中，不肯搬出。年迈的父母，居无定所，多次要求彭某腾房。彭某父母答应给其另外租房，但彭某仍以其妻不同意为由不肯搬。彭父诉讼到法院，法院判决彭某迁出，彭某夫妻依然拒不执行，最后被法院强制执行。

王小儿偷换房子户主终难成

王某一直与小儿子居住在一起，住房是旧城改造后补了数万元购买的，但小儿子为了独吞父亲的住房，逼着王某更换房主姓名，遭到老人的反对，从此以后家中争吵不断。王某随后居住在大儿子家中，他在临走前把房产证和户口本一起锁在柜中。没曾想，等他回家后却发现，抽屉上的锁被撬开，小儿子拿走了他的房产证和户口本，把房子的所有人换成了自己的姓名。为此，父子再次发生争执。万般无奈，王某决定与小儿子断绝父子关系，通过诉讼要回属于自己的房子。

赵某骗父证件侵占房产遭诉讼

赵某母亲早逝，父亲再娶。因老伴有哮喘病，为避严寒，赵父婚后带老伴去海南三亚。期间，赵某以有关部门要复查房产证为名，骗得父亲的身份证、房产证、土地证，将老人的房产变更在了自己名下。第二年春天，赵父归来，发现儿子已携妻带子搬进其屋居住，房屋产权证已改为儿子的名字。赵父与儿子理论，赵某蛮不讲理，而且拒不从占有的房屋中迁出。赵父无奈，准备将儿子告上法庭，依法追究儿子的法律责任。

这三个案例有一个共同的特点，即都是不孝儿子采取强行霸占、偷换户主或骗得证件等手段，侵占父母房屋的典型情形。其实，彭某、王某小儿子和赵某的这些做法都是违法的，受害父母只要及时依法维权，他们对于房屋的合法权益必然会得到法律的保护。最终结果必然是，一方面是必须将房屋产权人变更回父母名下，二是必须将涉案房屋归还父母使用。而且，违法情节严重时，这些不孝子女的行为可能涉嫌犯罪，应该受到刑法处罚。

法律条款

《中华人民共和国物权法》第四条、第三十四条：国家、集体、私人的物权和其他权利人的物权受法律保护，任何单位和个人不得侵犯。无权占有不动产或者动产的，权利人可以请求返还原物。

《中华人民共和国老年人权益保障法》第十六条：老年人自有的或者承租的住房，子女或者其他亲属不得侵占。

《中华人民共和国民事诉讼法》第二百三十六条：发生法律效力的民事判决、裁定，当事人必须履行。一方拒绝履行的，对方当事人可以向人民法院申请执行。

《中华人民共和国刑法》第三百一十三条：对人民法院的判决有能力执行而拒不执行，情节严重的，处三年以下有期徒刑、拘役或者罚金；情节特别严重的，处三年以上七年以下有期徒刑，并处罚金。

锦囊妙计

近年来，成年子女以各种理由侵占老人房产的纠纷案例，并不少见。而老人丧偶再婚，子女怕老人把房产给后老伴，以这种欺骗手段变更房屋所有权、强行占有的情况，时有发生。子女侵占老人房屋财产，依法应当返还，情节严重的，构成非法侵占罪，应受刑法处罚。

上述第三个案例中，赵某的行为构成了我国《刑法》第二百七十条规定的非法占有罪，可处两年以上五年以下有期徒刑，并处罚金。非法占有罪是一种侵犯财产罪，行为人明知其行为会侵犯他人财物所有权，仍实施非法占有行为，且具有占有他人财物的目的；其客观上表现为将自己代管的他人财物、他人遗忘物、埋藏物非法占为已有，数额较大的行为。

此类案件，不告不究，告诉才处理。第二个案例中，王某通过诉讼，可以要回属于自己的房产；而第三个案例中，赵某拒不迁出，赵父提起诉讼，便可追究赵某的刑事责任。

502
侵占老人房产，
你这是犯罪啊！

第三篇

赡养继承权益

责任·义务

随着时代的发展和社会的进步，人们的思想也悄然发生着改变。时至今日，在我国，老年人再婚已不是社会道德不可逾越的鸿沟。尤其是，随着我国人口老龄化程度的加深，人均寿命的增长，夫妻养老成为最主要的养老方式。越来越多的丧偶老年人加入再婚的大军，由此引发的家庭纠纷等问题也成为新的社会焦点，其中以老人赡养、遗产继承等纠纷最为复杂，影响了老年人的晚年生活及家庭社会的和谐稳定。

事实上，日益完善的我国社会主义法律体系，对老年人的赡养扶助、遗产继承等权益保障问题，都有比较完善的法律规定或者司法解释，比如我国《宪法》《民法通则》《民法总则》《婚姻法》《继承法》《老年人权益保障法》《刑法》，以及最高人民法院的相关司法解释等。如果不幸遇到权益受到侵害的情况，老年朋友只要勇于和善于使用法律武器，合法权益必会受到法律保障。

老年人有权享有合理赡养费

所谓“赡养”，主要是指子女、晚辈在经济上为父母、长辈提供必需的生活用品和费用的行为，即承担一定的经济责任，提供必要的经济帮助，给予物质上的合理要求。赡养老人，既是道德义务，也是法律责任；同时，子女对老人支付赡养费用，应该在一定的合理范围之内。

案例解读

老李居住在农村地区，育有四子二女。2016年4月，老李夫妇起诉至镇法庭，要求子女每人每月支付赡养费300元，并承担因病治疗的费用。经过协商，六子女每人每月支付200元赡养费，药费治疗费平摊，老李夫妇同意在老大付款的第二天撤销起诉。2016年9月老李妻子因病去世，经协商老李同意子女每人每月支付其赡养费100元，平摊药费治疗费以及走亲访友的人情钱。

老李喜欢玩牌小赌，日常花费超出当地的人均消费水平。缺钱了就找子女要，认为理所当然。2017年5月，老李又到法庭起诉，跟上次的起诉书一样，只是更改了日期，把原告划掉了一个。法庭传票送到子女手上，2017年7月6日开庭审理。几个子女认为，现在应该按人均消费标准支付赡养费，以便阻止老李每年起诉要求增加赡养费。

现实生活中，并不是每个父母都需要被赡养，只有符合法律上规定的情况时才有被赡养的权利。而且，子女承担赡养义务，支付的赡养费用多少，也是有一定限制的。

法律条款

《中华人民共和国宪法》第四十九条：父母有抚养教育未成年子女的义务，成年子女有赡养扶助父母的义务。

《最高人民法院关于适用〈中华人民共和国民事诉讼法〉的解释》第二百一十八条规定：赡养费、扶养费、抚育费案件，裁判发生法律效力后，因新情况、新理由，一方当事人再行起诉要求增加或减少费用的，人民法院应作为新案受理。

锦囊妙计

我国《宪法》规定，成年子女有赡养扶助父母的义务。

我国《婚姻法》也规定，子女对父母有赡养扶助的义务，子女不履行赡养义务时，无劳动能力或生活困难的父母，有要求子女付给赡养费的权利。对于这个问题，应该从两个方面来分析：

一方面，子女赡养老人是应尽的法定义务。有经济负担能力的成年子女，不分男女、已婚未婚，在父母需要赡养时，都应依法尽力履行这一义务直至父母死亡。同时，子女对父母的赡养义务，不仅发生在婚生子女与父母间，而且也发生在非婚生子女与生父母间，养子女与养父母间和继子女与履行了抚养教育义务的继父母之间。

为保障受赡养人的合法权益，我国《婚姻法》规定：子女不履行赡养义务时，无劳动能力的、或生活困难的父母，有要求子女付给赡养费的权利。对拒不履行者，可以通过诉讼解决，情节恶劣构成犯罪者，依法追究其刑事责任。

另一方面，父母获得赡养扶助，也是有条件限制的。子女对父母赡养扶助的主要内容是指在现有经济和社会条件下，子女在经济上应为父母提供必要的生活用品和费用，在生活上、精神上、感情上对父母应尊敬、关心和照顾。

实践中，也存在子女可以免除给付赡养费义务的情形：(1) 未婚或离异的成年子女无经济收入、丧失劳动力或不能独立生活的；(2) 已婚的成年子女本身无经济收入，其家庭的收入不足以维持当地基本生活水平的；(3) 父母对子女有严重犯罪行为，比如犯有杀害子女、虐待子女严重的、遗弃子女的、或强奸女儿等行为的，丧失要求被害子女赡养的权利，对子女来说就是可以免除赡养义务。被害子女自愿赡养的，法律并不禁止。需要指出的是，无给付赡养费能力的成年子女虽然可以免除给付义务，但生活上的照料、精神上的慰藉义务不能免除。

而且，赡养费的给付，也是有一定标准的。根据《婚姻法》的规定，子女对父母的赡养义务，在履行上要以赡养人的实际能力为限，由赡养人与被赡养人协商解决，如果不能协商解决的，则由人民法院根据当地的经济水平，被赡养人的实际需求，赡养人的经济能力综合认定。

具体而言，对于城市户口的老年人的赡养费给付标准，各省区市出台的关于城镇居民最低生活保障的法律、法规或规范性文件中，都有关于赡养费和抚养费的计算方法的规定。赡养费一般按家庭总收入减去家庭成员城市居民平均生活标准，剩余部分按其赡养人数的平均数额计算。对于农村户口的老年人，一般按照当地统计部门发布的上年度当地农民年人均生活费数据为基准。

需要指出的是，给付赡养费的数额，是根据赡养人的经济状况、当地的实际生活水平和被赡养人的实际情况来确定的。随着时间的推移和被赡养人实际需要，可以要求增加赡养费数额。要求增加赡养费，但必须具备一定的条件。主要有以下两个方面：一是法院原先判决的赡养费不能保障被赡养人的基本生活；二是赡养义务人有能力负担。只有同时具备这两个条件，才可以要求增加赡养费。

再婚老年人的遗产继承纠纷

老年人再婚本是一件对老年人身心健康都有益的好事，但如果再婚时双方对财产、赡养等问题约定不明，不仅会使两人的婚姻生活存在许多芥蒂，使子女产生不少疑虑和情绪，而且很可能会在身故后给亲人间带来许多矛盾。

案例解读

再婚前财产未分割　去世后现妻可继承

赵某与张某是夫妻关系，二人均是在丧偶后再婚，再婚时所带子女已成年。在婚姻关系存续期间，二人购买了一套张某所在单位提供的一套福利房，并使用了其工龄，房屋登记于张某名下，房屋交付后由二人共同居住使用。2014年张某去世后，其两个子女以房屋归父亲所有为由，将赵某逐出房屋。赵某将二人诉至法院，要求按照法定继承的原则依法分割该房。

两名被告辩称，诉争房屋是张某单位的福利分房，登记在张某名下，赵某本身无收入，家庭的共同收入全部来源于张某的退休工资，因此，房屋虽是婚姻关系存续期间购买的，但应当认定属于张某的个人财产。同时，他们还认为，在张某晚年生病期间，赵某与其时有争吵，没有尽到夫妻扶养义务，不应当享有张某名下财产的合法继承权。

法院经审理认为，婚姻关系存续期间取得的财产属于夫妻共同财产，诉争房屋是张某与赵某在此期间购置并取得产权，房款也是使用二人共同财产支付，因此，认定诉争房屋属于夫妻共同财产，在分割上述房屋中的遗产时，应当首先析出一半归于赵某所有，房屋的剩余二分之一份额作为张某的遗产在继承人之间进行分割。

按照法律规定，张某的第一顺序继承人为赵某、其两名子女。同一顺序继承人继承遗产的份额应当均等；同时，考虑到赵某与被继承人张某共同生活多年，且尽到主要扶养义务，因此，在分配遗产时，应当予以多分。对于张某两名子女主张的赵某未尽到扶养义务，由于未能提交证据证明，因此法院对这一主张不予支持。最终法院认定诉争房屋的70%份额由赵某所有，张某的两名子女共同享有另外的30%。

再婚多年去世无遗嘱　遗留房产继承惹纠纷

陈女士与朱先生系再婚，陈女士没有儿女，朱先生儿女已成年并已独立生活。再婚后两人感情并不稳定，曾一度离婚，后又复婚。2010年两人因家庭琐事发生争吵，朱先生一气之下回到老家，从此两人未再共同生活。2017年4月陈女士过世，留下一套房产。陈女士的妹妹认为，7年来姐姐的生活一直是由自己照顾，而朱先生一直未来看望姐姐，没有尽到夫妻间的扶助义务，系遗弃行为，不应享有继承权，故该套房产应由自己继承。朱先生则认为，陈女士没有儿女，自己是她唯一的法定第一顺序继承人；自己已年逾七十，生活尚需人照料，并无力照顾陈女士生活；陈女士有保姆，不需要他人过多照顾，且双方因感情问题分居谈不上遗弃，故自己对该套房产享有全部的继承权。双方各执己见，无法达成一致，诉至法院。

该案中，朱先生确实是陈女士的法定第一顺序继承人，自然享有继承权。当然，双方确实已分居7年，7年间陈女士还提起过离婚，或许她不想把房产留给朱先生。但是，7年中，谁对陈女士尽了主要的赡养义务，陈女士的真实意思是什么？无人知晓。如果陈女士能留下一份遗嘱，就不会产生这个遗产继承纠纷。

法律条款

《中华人民共和国婚姻法》第十七条：夫妻在婚姻关系存续期间所得的下列财产，归夫妻共同所有：(一) 工资、奖金；(二) 生产、经营的收益；(三) 知识产权的收益；(四) 继承或赠与所得的财产，但本法第十八条第三项规定的除外；(五) 其他应当归共同所有的财产。夫妻对共同所有的财产，有平等的处理权。

第十八条：有下列情形之一的，为夫妻一方的财产：(一) 一方的婚前财产；(二) 一方因身体受到伤害获得的医疗费、残疾人生活补助费等费用；(三) 遗嘱或赠与合同中确定只归夫或妻一方的财产；(四) 一方专用的生活用品；(五) 其他应当归一方的财产。

第十九条：夫妻可以约定婚姻关系存续期间所得的财产以及婚前财产归各自所有、共同所有或部分各自所有、部分共同所有。约定应当采用书面形式。没有约定或约定不明确的，适用本法第十七条、第十八条的规定。

《中华人民共和国继承法》第三条：遗产是公民死亡时遗留的个人合法财产，包括：(一) 公民的收入；(二) 公民的房屋、储蓄和生活用品；(三) 公民的林木、牲畜和家禽；(四) 公民的文物、图书资料；(五) 法律允许公民所有的生产资料；(六) 公民的著作权、专利权中的财产权利；(七) 公民的其他合法财产。

第五条：继承开始后，按照法定继承办理；有遗嘱的，按照遗嘱继承或者遗赠办理；有遗赠扶养协议的，按照协议办理。

第七条：继承人有下列行为之一的，丧失继承权：……(三) 遗弃被继承人的，或者虐待被继承人情节严重的。

第十条：遗产按照下列顺序继承：第一顺序：

配偶、子女、父母。第二顺序：兄弟姐妹、祖父母、外祖父母。继承开始后，由第一顺序继承人继承，第二顺序继承人不继承。没有第一顺序继承人继承的，由第二顺序继承人继承。本法所说的子女，包括婚生子女、非婚生子女、养子女和有扶养关系的继子女。本法所说的父母，包括生父母、养父母和有扶养关系的继父母。本法所说的兄弟姐妹，包括同父母的兄弟姐妹、同父异母或者同母异父的兄弟姐妹、养兄弟姐妹、有扶养关系的继兄弟姐妹。

第十六条：公民可以依照本法规定立遗嘱处分个人财产，并可以指定遗嘱执行人。公民可以立遗嘱将个人财产指定由法定继承人的一人或者数人继承。公民可以立遗嘱将个人财产赠给国家、集体或者法定继承人以外的人。

第十七条：公证遗嘱由遗嘱人经公证机关办理。

第三十条：夫妻一方死亡后另一方再婚的，有权处分所继承的财产，任何人不得干涉。

锦囊妙计

俗话说“清官难断家务事”，而老年人再婚后的遗产继承纠纷案件又牵涉到几个家庭，关系更为复杂，如果诉讼中缺乏充分、明确的证据，不仅加大了审理的难度，且双方当事人之间的对立情绪不断加深，矛盾难以调和。这时如果被继承人留有一份清晰明确又不违反法律规定的遗嘱，问题就会迎刃而解，一切都会风平浪静。

遗嘱是公民生前对其死后遗产所作的处分和处理其他事务的嘱咐或嘱托。我国《继承法》明确规定，公民可以依照本法规定立遗嘱处分个人财产，并可以指定遗嘱执行人。公民可以立遗嘱将个人财产指定由法定继承人的一人或者数人继承。公民可以立遗嘱将个人财产赠给国家、集体或者法定继承人以外的人。

公证遗嘱是证据力较强的一种遗嘱形式，为多数国家立法所采用。公证遗嘱由遗嘱人经公证机关办理。办理遗嘱公证需要立遗嘱人到其户籍所在地的公证机关申请办理，不能委托他人代理。如果遗嘱人因病或其他特殊原因不能到公证机关办理遗嘱公证时，可要求公证机关派公证员前往遗嘱人所在地办理。同时，立遗嘱人如果要变更或撤销原公证遗嘱，必须由原公证机关办理。

在危急情况下，遗嘱人可以立口头遗嘱。口头遗嘱应当有两个以上见证人在场见证。危急情况解除后，遗嘱人能够用书面或者录音形式立遗嘱的，所立的口头遗嘱无效。

老头你听着，
你要是敢再婚，
我就断绝同你
的经济往来，你
休想从我这里
拿到一分钱！

再婚老年人赡养问题应重视

随着社会观念的转变，老年人再婚的情况变得十分普遍，但是赡养问题仍然阻碍着再婚老人的晚年幸福。如果儿女因父母再婚与继父母共同生活，就会出现赡养继父或继母的问题。那么，独立生活的成年子女，对再婚父母是否还承担赡养义务？对再婚的继父母又是否承担赡养义务呢？

案例解读

老年人有权利再婚　子女们有义务赡养

72岁的吴大爷说：老伴已经去世10年了，去年和丧偶的一个老同学再婚了，但儿子和女儿对其再婚行为很不满，不仅逢年过节不过来看望，也很少给生活费。

吴大爷的退休金并不多，仅够日常开支，而随着年老多病，花费更大大增加，生活十分拮据。而老伴没有退休金，两人一起生活后，生活压力更是大增。让吴大爷感到伤心的是，老伴的子女也不支持老人再婚，也不尽赡养义务。上个月，吴大爷痛风病复发，没有钱住院，向女儿求助，女儿汇给了5 000元，却提出要吴大爷和现在老伴离婚，否则以后不会再汇钱给他。

老年人虽有养老收入　子女们仍应付赡养费用

已届古稀之年的杨大爷丧偶后便给两儿子分家，且约定两儿子“每人每月支付赡养费100元”。后来，杨大爷不顾儿子们的反对，与同样丧偶的薛大娘登记再婚。几年前，杨大爷因为旧城改造获得部分赔偿款，加之自己每月都有养老金，就暂时不再让儿子支付赡养费。但是，随着年龄的增长，杨大爷健康每况愈下，其收入已不能维持日常的医疗和生活。杨大爷要求两儿子继续支付赡养费，但两儿子却拒绝支付。逢年过节，两个儿子也不再上门。经亲戚和居委会多次调解未果，杨大爷向法院起诉，要求两个儿子每月支付一定的赡养费。

在庭审过程中，两个儿子称杨大爷每月有近3 000元的养老金收入，且杨大爷再婚后，再婚妻子薛大娘的外甥一直在杨大爷家居住，花销均由杨大爷支出。而自己收入也不多，故只愿意在生活上轮流照顾，拒绝支付赡养费。

因调解未果，法院最终依据我国法律的规定，结合城镇居民人均消费支出、杨大爷及其两个儿子的收入和支出等情况，综合判令两被告每月分别向杨大爷支付赡养费500元。

杨大爷与两个儿子因赡养发生纠纷，按照法律的规定，两个儿子除应在今后的生活中按时向杨大爷支付赡养费外，还应当在日常生活及精神上给予更多的关心和照顾。

另外，本案有部分矛盾是因为杨大爷再婚而引起，再婚可以解决老人丧偶后在生活、情感上的痛苦和无助，有利于老人身心健康。老人再婚后配偶之间的互助可以减轻老人日常生活对子女的依赖，一定程度上缓解了子女在老人赡养方面的压力，但这并不代表再婚夫妻双方的子女可以不尽赡养义务。

法律条款

《中华人民共和国婚姻法》第二十一条：子女对父母有赡养扶助的义务。子女不履行赡养义务时，无劳动能力的或生活困难的父母，有要求子女付给赡养费的权利。

《中华人民共和国老年人权益保障法》第十四条：赡养人应当履行对老年人经济上供养、生活上照料和精神上慰藉的义务，照顾老年人的特殊需要。赡养人是指老年人的子女以及其他依法负有赡养义务的人。赡养人的配偶应当协助赡养人履行赡养义务。

第十五条：赡养人应当使患病的老年人及时得到治疗和护理；对经济困难的老年人，应当提供医疗费用。对生活不能自理的老年人，赡养人应当承担照料责任；不能亲自照料的，可以按照老年人的意愿委托他人或者养老机构等照料。

第十九条：赡养人不得以放弃继承权或者其他理由，拒绝履行赡养义务。赡养人不履行赡养义务，老年人有要求赡养人付给赡养费等权利。赡养人不得要求老年人承担力不能及的劳动。

第二十一条：老年人的婚姻自由受法律保护。子女或者其他亲属不得干涉老年人离婚、再婚及婚后的生活。赡养人的赡养义务不因老年人的婚姻关系变化而消除。

锦囊妙计

古人云："百善孝为先。"孝敬老人是中华民族的传统美德，履行赡养义务既是孝道要求，也是法律责任。子女对于年迈体衰、丧失劳动能力、生活确实有困难的父母，必须自觉履行赡养义务，以保障父母有一个稳定的生活环境，使老人能够安度晚年。同时，子女赡养扶助父母是无期限的，无论父母再婚与否，只要父母需要赡养扶助，子女就应继续履行这一义务。如果子女不履行赡养义务，父母可以直接向子女索要赡养费，还可以通过诉讼程序，向法院提起追索赡养费的诉讼。

一般来说，人民法院会根据父母的实际生活需要和子女的经济负担能力，通过调解或判决的方式，确定赡养费的数额和给付的办法。义务人有能力赡养而拒绝赡养，情节恶劣的，应依法追究其刑事责任。

子女对继父母也有赡养义务

调查显示，多数父母再婚的市民对于老年人再婚持支持态度，但对于继父母的赡养问题则表示不愿意，只有少数人表示愿意赡养。

案例解读

无抚养关系　无赡养义务

温先生与黄女士经人介绍而再婚组成家庭，双方的儿女都已成家立业并对老人的婚事表示支持，但是在实际生活中黄女士的子女只会给黄女士一些生活费用，并不会给温先生任何生活费。对此，温先生非常气恼，他觉得自己也是黄女士的子女名义上的父亲，黄女士的子女对自己没有尽到赡养义务。

根据我国《老年人权益保障法》规定，赡养人是指老年人的子女以及其他依法负有赡养义务的人。本案中，由于黄女士的子女在黄女士与温先生结婚之前都已经成年，他们与温先生之间没有抚养关系，也没有形成法律上的拟制血亲关系。因此，黄女士的子女对温先生没有支付生活费的义务。

形成拟制血亲关系　继子女应承担赡养义务

1981年，宋某（女）4岁时父母离异，宋某随母亲张女士生活，父亲宋先生承担了女儿宋某的部分生活费用。1986年，宋某9岁时，母亲张女士与柳先生结婚，柳先生有一与前妻所生之子柳平12岁，婚后张女士、柳先生及各自的孩子共同生活，宋先生仍然按月支付女儿宋某的抚养费。2010年，张女士因病去世，宋某与柳平早已长大成人，并先后参加工作。两人在长期的共同生活中产生了恋情，遭到父亲柳先生的坚决反对，两人无奈只好保持姐弟关系，宋某从家里搬了出去。2018年，柳平意外身亡，柳先生遭受打击一病不起，微薄的收入无法负担治病的费用，生活也无人照料，柳先生希望得到宋某的帮助和照料，但遭到宋某的拒绝，宋某的理由是：尽管在她年幼时柳先生曾经照料过她，但是她的抚养费教育费却是一直由其生父宋先生负担的，柳先生对她在经济上并没有投入。不得已的情况下，柳先生诉至法院。

法院审理后认为，宋某与柳先生之间是拟制血亲关系，宋某应当承担赡养柳先生的义务。

柳先生与宋某之间的关系，完全符合法律对形成抚养教育事实的继父母与继子女关系的认定条件，因此，宋某与柳先生之间是拟制血亲关系。虽然宋某的母亲张女士去世，张女士与柳先生的婚姻关系终止，但是柳先生对宋某抚养教育的事实并没有改变，根据最高人民法院的有关司法解释，形成抚养教育事实的继父母与继子女之间的拟制血亲关系不能因生母（父）与继父（母）婚姻关系的解除而自然终止，如果继子女已被继父母抚养成年，则其与继父母间的拟制血亲关系仍然存在，不因生母（父）与继父（母）离婚而终止。根据《婚姻法》的有关规定，继父母与受其抚养教育的继子女间的权利义务，适用该法对父母子女关系的有关规定。因此，宋某与柳先生之间是拟制血亲关系，这个拟制血亲关系不能因张女士的死亡而终止，他们之间的权利义务关系也不会终止，宋某对柳先生应当承担赡养义务。

法律条款

《中华人民共和国婚姻法》第二十七条第二款：继父或继母和受其抚养教育的继子女间的权利义务，适用本法对父母子女关系的有关规定。

《中华人民共和国老年人权益保障法》第十四条第二款：赡养人是指老年人的子女以及其他依法负有赡养义务的人。

《最高人民法院关于继母与生父离婚后仍有权要求已与其形成抚养关系的继子女履行赡养义务的批复》(1986年3月21日)（节录）：王某梅与李某景姐弟五人之间，既存在继母与继子女间的姻亲关系，又存在由于长期共同生活而形成的抚养关系。尽管继母王某梅与生父李某心离婚，婚姻关系消失，但王某梅与李某景姐弟等人之间已经形成的抚养关系不能消失。因此，有负担能力的李某景姐弟等人，对曾经长期抚养教育过他们的年老体弱、生活困难的王某梅应尽赡养扶助的义务。

锦囊妙计

继父母子女关系是由婚姻关系派生出来的姻亲关系，继父母与继子女之间是否产生父母子女之间的权利义务关系，应视继父母与继子女的实际情况而定。根据法律规定，这种姻亲的当事人之间是没有法定的抚养、赡养义务的。只有继父母对继子女进行了实质上的抚养和教育，确立了对继子女的抚养关系，才能够享受到继子女的赡养和扶助。

根据我国婚姻法的规定，父母子女关系可以分为两大类：一是自然血亲的父母子女关系，即亲生的父母子女关系，是指基于出生事实而产生的父母子女关系，主要包括婚生的父母子女关系和非婚生父母子女关系等。自然血亲的父母子女关系，除因依法送养子女而解除外，不存在可以解除的其他理由。二是拟制血亲的父母子女关系，是指基于收养法律行为或再婚后事实上存在着抚养关系而形成的父母子女关系，主要包括养父母和养子女的关系、继父母和受其抚养教育的继子女的关系。拟制血亲的父母子女关系，可以人为地予以解除。

放弃遗产继承也须赡养老人

根据我国法律规定，继承权可以放弃，赡养义务必须履行。

案例解读

陈老太已年逾八旬，生有两个儿子，老伴在6年前病故。陈老太一直随大儿子生活。而陈老太的二儿子是个体经营者，月收入3 000元以上，陈老太多次要求他履行赡养义务，二儿子均以放弃继承父母遗产为由予以拒绝。老人一气之下将二儿子告上法庭。

法院认为，继承权是法律赋予公民的一项权利，父母和子女之间可相互继承遗产。子女自愿放弃这项权利，法律允许。却不能以放弃继承权为由，来对抗法定的赡养义务。

在现实生活当中，有的子女以放弃继承父母遗产为理由，拒绝不履行赡养父母的义务，这是明显违反法律规定的。像本案中陈老太二儿子的做法，在现实中也具有一定的代表性。我国《老年人权益保障法》明确规定，赡养人不得以放弃继承权或者其他理由，拒绝履行赡养义务。

法 律 条 款

《中华人民共和国宪法》第四十九条：成年子女有赡养扶助父母的义务。

《中华人民共和国婚姻法》第二十一条：子女对父母有赡养扶助的义务。子女不履行赡养义务时，无劳动能力的或生活困难的父母，有要求子女付给赡养费的权利。

《中华人民共和国老年人权益保障法》第十九条：赡养人不得以放弃继承权或者其他理由，拒绝履行赡养义务。赡养人不履行赡养义务，老年人有要求赡养人付给赡养费等权利。

锦 囊 妙 计

赡养义务和继承权的放弃是两个完全不同的法律概念。子女对父母的赡养扶助义务是法律规定的，无条件的，无期限的。继承权的放弃，是指继承开始后，遗产分割前，继承人自愿做出不继承遗产的意思表示。继承权的放弃是单方法律行为，只要权利人单方做出放弃的意思表示，就发生放弃的效力。

关于子女对父母的赡养义务，以下三点值得特别注意：(1) 子女有赡养父母的义务，不能通过协议方式排除赡养父母，以协议方式排除赡养义务，协议没有法律效力；(2) 不跟父母共同生活的子女，应当根据父母的实际需要，付给赡养费；(3) 有多个子女的，可根据各自的经济情况，共同承担赡养父母的义务。赡养费的数额，应根据子女的经济条件和父母的实际需要确定。

遗弃老年人情节严重成犯罪

赡养扶助老人不仅是子女的基本道德义务，而且也是子女不可逃避的法律义务。现实中，一些人对家中老人未尽到妥善的赡养扶助义务，对其不管不问，使老人处于被遗弃状态。遗弃老人，情况严重的，构成遗弃罪。

遗弃罪是指负有扶养义务的人，对年老、年幼、患病或者其他没有独立生活能力的人拒绝扶养，情节恶劣的行为。可以说，法律规定得清楚明白，但现实中由于各种因素，难以对未酿成后果的遗弃行为追责惩戒。对于老年人来说，万一遇到被遗弃、被虐待的情况，一定要勇于拿起法律武器，让不孝子女承担法律责任，以维护自身的合法权益。同时也可教育更多年轻人承担对老人的赡养扶养义务。

案例解读

叶大爷79岁，生有三男二女，五个子女经济条件都不错。今年4月，叶大爷搬进了一家老年公寓养老。让叶大爷始料不及的是，他前脚刚离开自己的家，三个儿子后脚就赶到老年公寓，强迫叶大爷把三房一厅的房产提前分配，并信誓旦旦地允诺老人所需的费用由兄弟三个承担。但仅3个月后，叶大爷的儿子们便像“人间蒸发”似的，没了人影，电话也换了号码。女儿则称没有参与分割父亲财产，因此没有理由承担赡养义务。

据老年公寓的负责人说，这种骗取老人提前分配财产后，再将老人遗弃在养老院中的例子时常发生，这种情况也最让养老院为难。因为老人没了房子，送到哪里都没人理，但又不能让他们露宿街头。目前，养老院正打算在近期内按照三方签订入住协议书的约定，将叶大爷和经济担保人告上法庭，而叶大爷也说自己将按照《老年人权益保障法》将儿女不尽赡养义务告上法庭，古稀老人无奈地陷入连环官司中。

虽然一些酿成恶果者最终受到了惩罚，但由于相关规定的缺失，导致很难对一些遗弃行为有效追责，仅能实施事后惩戒。

法律条款

《中华人民共和国刑法》第二百六十一条：对于年老、年幼、患病或者其他没有独立生活能力的人，负有扶养义务而拒绝扶养，情节恶劣的，处五年以下有期徒刑、拘役或者管制。

《中华人民共和国老年人权益保障法》第四十七条：养老机构应当与接受服务的老年人或者其代理人签订服务协议，明确双方的权利、义务。养老机构及其工作人员不得以任何方式侵害老年人的权益。

锦囊妙计

遗弃行为经常发生在老人与子女之间，很多老人在被遗弃后很可能会受伤甚至死亡。例如，李某与婆婆王老太关系恶劣，长期虐待王老太，少食少餐，居住偏屋，有病不予医治也不照料，导致王老太腿脚风湿加重，胃病加重。丈夫外出打工后，李某变本加厉，致使王老太不堪忍受虐待离家出走，李某对此听之任之。后来，从邻里街坊的口中得知王老太流落在外已染病身亡。

在另一个案例中，一老人有三个儿子，本来做父亲的是轮流在三家吃饭。突然有一天，老二提出自己家遇到困难不能接待了。老二不接待，老大也不接待，老三也不接待。有一天，他到其中一个儿子家去吃饭。儿子不给他吃，老人求了半天也不行，老人就自己盛了一碗饭，这家儿媳妇看见了，把碗夺下来，把老人推倒在地，还进行辱骂。最后，老人含愤自杀了。像这样的情况，看起来只是有一点打骂行为，但是，行为人着眼点不在于虐待而在于拒绝履行扶养义务。因此，总体看来这是典型的遗弃行为，已经构成犯罪，应受刑法处罚。

需要强调的是，扶养老人是每一个公民的道德义务和法律义务，尤其在老龄化社会，全社会必须予以重视。其一，我们应强调子女等扶养人的责任，着重对老年群体的物质保障和精神呵护。其二，我们要强调基层组织、老年群体权益保护组织的巡查、家访责任，以便及时发现问题，报告执法机关妥善解决。其三，我们要呼吁，有关方面要强化对遗弃行为的打击力度，而不是等到出现严重后果时才启动追责。其四，要完善法律法规，降低追责门槛，只要将没有自理能力的老人置于无人管护境地，且经有关机关责令改正两次或三次后仍不改正的，即追究其遗弃行为法律责任。从而倒逼人们尽到扶养义务，让弱势群体受到妥善、全面的保护。

你一直不去看望你的父母，也不照顾他们，发展下去会构成犯罪的！

处置被监护人财产依法进行

“监护制度之设立，在于保护知虑不周之人，并兼顾交易安全。”监护人是指对无行为能力或限制行为能力的人的人身、财产和其他一切合法权益负有监督和保护责任的人。我国已经初步形成了法定监护、意定监护与指定监护并行的监护体系，是老年人维护自身权益的重要法律制度。

案 例 解 读

为被监护人利益卖房　符合法律规定获支持

孙老太68岁，患有精神病，丈夫过世多年，家里无钱医治，其儿子李某作为监护人想把拆迁补偿分给孙老太的一套房卖了，但孙老太的妹妹不同意，怕李某把房子卖了又不管孙老太，自己拿钱走人。李某眼见母亲病重，心里着急，便悄悄联系买家，将房子卖了，给孙老太治病。孙老太妹妹知道后认为李某无权处置孙老太的房屋，侵害了孙老太利益，便起诉到法院要求变更监护人，并要求赔偿损失。法院经审理认为，本案中李某把被监护人孙老太的房子卖掉为其治病，这是维护被监护人的利益，符合法律规定，遂依法驳回孙老太妹妹的诉讼请求。

监护人是指对无行为能力或限制行为能力的人的人身、财产和其他一切合法权益负有监督和保护责任的人。一般来说，未成年人、精神病患者及其他有严重精神障碍的人，都应设置监护人。被监护人的近亲属和关系密切的其他亲属和朋友都可以作为监护人。我国《民法通则》第十七条规定，无民事行为能力人是精神病人的，其法定监护人依次是配偶、父母、成年子女。因此，李某就是患精神病母亲的法定监护人。本案中，李某把孙老太的房子卖掉为其治病，这是维护被监护人的利益，符合法律规定。孙老太妹妹的请求不能得到支持。但是如果病治好了，多余的钱李某应妥善保管，不得擅自处分，孙老太妹妹有权对其进行监督。

非法处置财产　法院判决返还

陈老太90高龄，张A和张B分别是其儿子和女儿。由于张A长期在外地工作、生活，故与陈老太关系比较疏远。老人的照料多由女儿张B承担。去年11月，张A重返老家。在未与张B充分协商的情况下，擅自将陈老太送至精神卫生中心治病养老。接着，他又以儿子的名义向当地居委会申请成为监护人。不久，被指定为母亲的监护人。然而，张A后来不但将母亲的钱款转入自己名下，还将居委会补贴给母亲的每月50元的牛奶费收入自己囊中。

张B认为，由于张A不切实履行监护职责，侵占了被监护人的财产，而本人作为女儿一直对母亲履行了赡养义务，家庭经济能力较好，并有充分的时间和精力照顾母亲。在这样的情况下，张B向法院提出申请，要求撤销张A监护人资格，由本人担任母亲陈老太的监护人。在申请书中，张B还列举了张A不按照医院方面提出的治疗要求给母亲进行营养补给和转院治疗，甚至丢下母亲去了外地。

法院认为，监护人应当履行监护责任，保护被监护人的人身、财产及其他合法权益，除为被监护人的利益外，不得处理被监护人的财产。张A作为陈老太太的儿子，在以监护人的名义收取母亲的钱款和存折后，理应妥善保管，但其擅自领取母亲的银行存款，并将该钱款存在自己名下，其行为已严重损害了被监护人陈老太的合法权益，不适合担任监护人，故张B的诉讼请求依法予以支持。据此，法院判决张A返还侵占的陈老太财产。

法律条款

《中华人民共和国民法通则》第十七条：无民事行为能力或者限制民事行为能力的精神病人，由下列人员担任监护人：(一) 配偶；(二) 父母；(三) 成年子女；(四) 其他近亲属；(五) 关系密切的其他亲属、朋友愿意承担监护责任，经精神病人的所在单位或者住所地的居民委员会、村民委员会同意的。

对担任监护人有争议的，由精神病人的所在单位或者住所地的居民委员会、村民委员会在近亲属中指定。对指定不服提起诉讼的，由人民法院裁决。

没有第一款规定的监护人的，由精神病人的所在单位或者住所地的居民委员会、村民委员会或者民政部门担任监护人。

第十八条：监护人应当履行监护职责，保护被监护人的人身、财产及其他合法权益，除为被监护人的利益外，不得处理被监护人的财产。监护人依法履行监护的权利，受法律保护。监护人不履行监护职责或者侵害被监护人的合法权益的，应当承担责任；给被监护人造成财产损失的，应当赔偿损失。人民法院可以根据有关人员或者有关单位的申请，撤销监护人的资格。

《中华人民共和国民法总则》第二十八条：无民事行为能力或者限制民事行为能力的成年人，由下列有监护能力的人按顺序担任监护人：（一）配偶；（二）父母、子女；（三）其他近亲属；（四）其他愿意担任监护人的个人或者组织，但是须经被监护人住所地的居民委员会、村民委员会或者民政部门同意。

第三十三条：具有完全民事行为能力的成年人，可以与其近亲属、其他愿意担任监护人的个人或者组织事先协商，以书面形式确定自己的监护人。协商确定的监护人在该成年人丧失或者部分丧失民事行为能力时，履行监护职责。

第三十四条：监护人的职责是代理被监护人实

施民事法律行为，保护被监护人的人身权利、财产权利以及其他合法权益等。监护人依法履行监护职责产生的权利，受法律保护。监护人不履行监护职责或者侵害被监护人合法权益的，应当承担法律责任。

锦囊妙计

作为监护人应该履行监护职责，保护被监护人的人身、财产及其他合法权益。除非是为了被监护人的利益，否则监护人不得处分被监护人的财产。监护人要处分被监护人的财产，必须是出于对被监护人利益的考虑。不能为了满足自己的需要，擅自处分被监护人的财产。

现如今，一些家庭买房时直接把房产证登记在未成年的子女、子孙名下。这时子女就是房屋的所有权人，享有对房屋的占有、使用、处分、收益等全部权能，长辈们不能再对此财产进行处分。一旦将来自己遇到婚姻、债务、买卖或抵押房产的问题，要想处置房屋，将会受到法律条款的限制，处置手续十分复杂。因此，家长们在给孩子买房时应慎重考虑，也要为将来自己的老年生活保障，做一些应有的考虑和安排。

第四篇

社会养老保障

敬老·爱老

“老有所养”是和谐社会追求的目标之一，也是实现全面小康社会的客观要求。完善的社会保障体系，包括国家依法实行的社会保险、救助、补贴等一系列制度，其作用就在于保障全社会成员基本生存与生活需要，特别是保障公民在年老、疾病、伤残、失业、生育、死亡、遭遇灾害、面临生活困难时的特殊需要。“老有所养”目标的实现，靠的是完善的养老社会保障体系。

时至今日，我国已经建立起了多层次的养老保障体系：一是城乡社会养老保险体系基本建立，社会养老保险已基本覆盖全民，城市退休人员和年满60岁的农村普通农民可分别享受退休金和农村新型养老保险金；二是特殊群体的特别保障已经到位，主要包括城乡孤寡老人享受五保待遇，散养或进驻敬老院、光荣院、福利院；重度残疾人参加新型农村养老保险不用自己缴费，由财政全额代缴，非重度社会残疾人财政予以补贴；一至四级革命享受国家伤残抚恤金，由国家供养终生；三是各种商业养老保险、以房养老等成为重要补充，是养老保障体系的重要组成部分。基于此，我国老年人的养老权益，得以受到法律保障。

各单位不能扣发退休养老金

社保基金是老百姓的“养命钱”，养老金是国家社会保障制度中的重要组成部分，任何单位不可以随意扣发用于他用。

案 例 解 读

老王是某商业银行职员，2001年6月退休。2001年12月，老王原工作单位某银行下发通知：“已经办理退休手续的正式职工，在原在职期间的不良贷款超过总额30%的，每月只发给生活费480元，停发其余一切待遇……”老王认为，该通知不合理，单位没有权利扣发自己的养老金用于偿还其发放的不良贷款。而单位认为依据银行系统金融纪〔2001〕第16号文件规定，银行工作人员自己办理的违规贷款，逾期不能还清本息的，视情况给予党政纪律处分，并可扣发工资。老王与单位多次协商无效，于2002年4月向当地劳动争议调解仲裁中心申请仲裁，要求仲裁机构依法判定单位返还扣发的养老金。

本案中，银行搞混了养老金与工资这两个概念，错误地认为养老金是工资的一种，单位有权擅自处置。银行所依据的金融纪〔2001〕第16号文件，针对的主体是在职工，而非离退休人员。劳动者在职期间给单位造成经济损失的，单位可以扣除其工资；但是，不能够在其退休后继续扣发他的养老金。

法律条款

《中华人民共和国劳动法》第七十三条：劳动者在下列情形下，依法享受社会保险待遇：(一) 退休；(二) 患病、负伤；(三) 因工伤残或者患职业病；(四) 失业；(五) 生育。劳动者死亡后，其遗属依法享受遗属津贴。劳动者享受社会保险待遇的条件和标准由法律、法规规定。劳动者享受的社会保险金必须按时足额支付。

财政部、劳动部、中国人民银行、国家税务总局《企业职工基本养老保险基金实行收支两条线管理暂行规定》(财社字〔1998〕6号)第三条：企业职工基本养老保险基金应逐步归入社会保障预算管理。在国家社会保障预算制度树立以前，基本养老保险基金归入单独的社会保障基金财政专户，实行收支两条线，专项管理，专款专用，任何部门、单位或个人均不得挤占、挪用，也不得用于平衡财政预算。

锦囊妙计

事实上，工资是基于劳动关系，由单位根据劳动者提供的劳动数量和劳动成果的质量，并依据劳动合同发放给劳动者的报酬。而养老金是基于社会保障制度，在劳动者达到法定退休年龄退休之后，由社会保障基金支付给劳动者的一种社会保险待遇，二者存在本质区别。

根据《中华人民共和国劳动法》第七十三条“劳动者享受的社会保险金必须按时足额支付”的规定，以及劳动部办公厅“《企业职工奖惩条例》不适用于企业退休人员”的复函（劳办力字〔1992〕29号）精神，企业不能强行扣发退休人员的养老金以补偿该退休人员在职期间给企业造成的损失，也不能根据《企业职工奖惩条例》对退休人员给予行政处分。

因此，老年人依法享有的退休金和其他保障，不应以任何理由受到克扣。老王的请求，能够得到仲裁机构的支持。

退休被判缓刑享受养老待遇

养老保险待遇对于老年人退休之后的生活至关重要，但是由于退休人员涉嫌犯罪，被关押或者判刑之后，是否还享有养老保险待遇呢？这是一个政策性很强的问题。

案例解读

老罗退休后，本可安享晚年，可不想被卷入一场官司：他因涉嫌诽谤他人，被法院以诽谤罪判处有期徒刑一年，缓刑两年。

从拘留所出来后，老罗发现被羁押的几个月自己的养老金被社保局扣发了。他找到社保局，社保局说，你涉嫌犯罪被羁押，按照规定，应停发养老金。老罗向社保局提交了自己被宣告缓刑的材料，社保局一次性补发了被扣发的养老金。

法律条款

劳动和社会保障部《关于退休人员被判刑后有无养老保险待遇问题的复函》规定：退休人员因涉嫌犯罪被通缉或在押未定罪期间，其基本养老金停发。如果法院判无罪，被通缉或羁押期间的基本养老金予以补发。

劳动社会保障部办公厅《关于退休职工被判缓刑期间可否享受原退休待遇的复函》规定：退休职工被判徒刑宣告缓刑，没有被剥夺政治权利的，甚至缓刑期间可以继续享受原退休待遇，但不参加基本养老金调整。

锦囊妙计

类似本案中老罗的养老金权利问题，其实相关规定是很清楚的。在羁押期间停发养老金，只是一种临时性措施。如果被判缓刑，则服刑期间完全停发，如果被判无罪或缓刑，被停发的养老金应予以补发。因此，社保局在老罗羁押期间停发了其养老金，得知他被宣告缓刑后，又一次性补发被停发的养老金，并在此后继续按月发放养老金都是有法律依据的。

境外定居可委托代领退休金

近年来，我国有越来越多的人移民海外，其中包括一些退休后跟随子女到海外定居的老年人。有些人担心，到境外定居之后，自己的养老待遇是否可以继续享受。其实，按照现行政策，在我国参加基本养老保险，依法退休之后领取基本养老金的人员，能够继续享受国内的养老待遇。领取不方便的，还可以委托亲属或他人代为领取。

案例解读

老王退休前任某学校教师。退休后，在美国工作的女儿一直想将父母接去一起生活，但老王都没同意。2014年，女儿生了一对双胞胎，老王非常高兴，想到自己年事已高，跟外孙团聚的时间不多了，于是决定去美国定居。走之前，老王担心的是自己定居美国后，养老保险金是否还能领取。

咨询社保机构后，老王不用担心自己出国定居养老金的领取问题，根据劳动和社会保障部办公厅《关于进一步规范基本养老金社会化发放工作的通知》第四条规定：在国内异地居住或出国定居的离退休人员，经向社会保险经办机构申请并办理相关手续后，其基本养老金可以委托亲属或他人代领。

法律条款

国务院侨办侨政司、劳动人事部保险福利局《关于获准出国定居的退休人员加入外国国籍后仍可享受退休待遇的规定》：已获准出国定居的退休人员，加入外国国籍后，根据劳动保险条例“凡在实行劳动保险的企业内工作的工人与职员（包括学徒），不分民族、年龄、性别和国籍，均适用本条例”的精神，可以继续享受规定的退休待遇。

劳动和社会保障部《关于进一步规范基本养老金社会化发放工作的通知》第四条：在国内异地居住或出国定居的离退休人员，经向社会保险经办机构申请并办理相关手续后，其基本养老金可以委托亲属或他人代领。在国内异地居住的，也可以委托社会保险经办机构通过邮局、银行寄汇给本人；出国定居的，若国内无亲属或他人代领，本人要求社会保险经办机构将款寄汇至国外的，汇费由其个人负担。

《中华人民共和国归侨侨眷权益保护法实施办法》(2004年)第二十三条第1款规定：按照国家规定退休(离休)的归侨、侨眷获准出境定居的，按照国家规定享受的退休(离休)待遇不变。其养老金可以委托他人领取，但需每年向原工作单位或者负责支付养老金的社会保险经办机构提供由我国驻其所在国的外交(领事)机构或者所在国公证机构出具的本人生存证明文件。

外交部、财政部、人力资源和社会保障部《关于在境外居住人员领取养老金资格审核表有关问题的通知》的规定：自2015年7月1日起，中国领事可根据海外当事人的申请，为其出具“在境外居住人员领取养老金资格审核表”，进行生存验证，免收领事规费。

锦囊妙计

退休人员即便加入了他国国籍，只要他在国内履行了缴纳养老保险金的义务，便符合相关养老保险法的规定。出于保护个人财产权的角度，理应支付其基本的养老金。养老金是根据劳动者在工作期间的积累和贡献，在退休后给予的保障，这样的保障不能因为劳动者退休后的居住地或者国籍的变化而被抹除，这属于一个债权债务关系，必须刚性兑付。而且，国际上领取异国养老金的情况也比较普遍。

事实上，中国境外退休金制度可追溯至1982年，当年规定，出国定居的退休、退职人员，每半年需提供一份由中国驻外使领馆或者当地公证机关出具的本人生存证明书。由公证机关出具的证明，须经中国驻外使领馆认证（居住在尚未和中国建交的国家的，须经驻该国并已与中国建交的第三国使领馆认证），方为有效。上述证明可保证支付单位按期支付应得的款项。经过几次政策优化，现在出国定居退休人员领取养老金的方式，更加便利。

老年人再就业注意维护权益

退休之后，有的老年人觉得，终于有机会干点儿自己想干的事，比如再找份工作，发挥余热。这些老年人再就业热情高涨，但相关政策措施还不完善，需要老年朋友特别当心，时刻注意维护自身权益。

案例解读

64岁的赵大爷为了打发时间也为了补贴家用，在别人的介绍下与一物业公司签署了《劳务协议书》，为一小区清扫楼道，一个月工资1 800元。虽然工作不是特别轻松，但是赵大爷一直按时、按质完成工作，可谓兢兢业业。但是，第二年，赵大爷突然被物业公司辞退了。赵大爷对自己无故被辞退很生气，将物业公司告上法院，要求物业公司按照《劳动合同法》的规定，支付自己两个月的补偿金3 800元和之前一个月的加班费1 900元。

法院经审理认为，赵大爷与物业公司签订的《劳务协议书》是双方的真实意思的表达，规定的内容也没有违反法律、法规的规定，属于有效的协议。但是，赵大爷在签订协议的时候已满60周岁，超过了法定退休年龄，不属于劳动合同，不受《中华人民共和国劳动合同法》的调整。所以，赵大爷要求保洁公司支付两个月的经济补偿之请求，于法无据，不予支持。同时，赵大爷在与物业公司对劳务费进行结算的时候，并没有提加班费的事情，赵大爷在法庭上也没能提供充分证据证明其与物业公司之间存在加班费的约定。据此，赵大爷要求支付加班费之请求，缺乏事实和法律依据，法院也不予支持。

法律条款

《中华人民共和国劳动合同法》第四十四条：有下列情形之一的，劳动合同终止：(一) 劳动合同期满的；(二) 劳动者开始依法享受基本养老保险待遇的；(三) 劳动者死亡，或者被人民法院宣告死亡或者宣告失踪的；(四) 用人单位被依法宣告破产的；(五) 用人单位被吊销营业执照、责令关闭、撤销或者用人单位决定提前解散的；(六) 法律、行政法规规定的其他情形。

《中华人民共和国劳动合同法实施条例》第二十一条：劳动者达到法定退休年龄的，劳动合同终止。

《中华人民共和国合同法》第八条：依法成立的合同，对当事人具有法律约束力。当事人应当按照约定履行自己的义务，不得擅自变更或者解除合同。依法成立的合同，受法律保护。

锦囊妙计

我国《劳动法》和《劳动合同法》未将退休再就业人员纳入保护范围，用人单位和返聘人员不能依据相关劳动法律主张权利和承担义务。由于缺乏配套的老年人才市场引导机制，老年人再就业一般都是靠朋友或者熟人介绍，而通过这种“地下操作”的找工作方式，老年人容易吃“哑巴亏”，常遭遇年龄歧视、随意解雇等问题。此外，许多老年人没有和用人单位签订劳务协议，一旦出现纠纷，其加班补偿等相关待遇难以获得法院支持。

例如，王阿姨54岁，原先在一家酒店当保洁员，后来因为客人丢了东西，说是被王阿姨偷了，酒店老板没给王阿姨解释的机会，直接把她撵走了，连上一个月的工资都没给结。王阿姨起诉到法院，要求酒店在全额支付工资的基础上再支付赔偿金。虽然支付劳动报酬的诉讼请求被依法支持，但因为王阿姨是超过退休年龄的，提供劳务期间不受《劳动合同法》保护，她要求支付赔偿金的诉讼请求无法得到支持。

老年朋友如退休后再就业，要与用人单位签署详细的书面劳务协议，明确约定工作内容、报酬、医疗、加班补偿、劳动保护等具体的权利和义务，以便在发生纠纷后，可以按照《合同法》（并非《劳动法》《劳动合同法》）来争取和维护自己的合法权益。

老李 我告诉你，
你退休了还就业
那是不受劳动合
同法保护的。

倒按揭以房养老应是好选择

所谓“倒按揭”就是“反向住房抵押贷款”，指房屋产权拥有者，把房子抵押给银行、保险公司等金融机构，后者在综合评估借款人年龄、生命期望值、房产现在价值以及预计房主去世时房产的价值等因素后，每月给房主发放固定资金。房主去世后，其房产出售，所得用来偿还贷款本息，其升值部分归抵押权人所有。这种贷款方式最大的特点是分期放贷，一次偿还，因与传统的按揭贷款相反，故被称为“倒按揭”。

“倒按揭”，在国外兴起已经几十年时间。人们在年轻时为买房按揭多年，到老了再把房产抵押，按月领钱用于养老，辞世后住房由金融或保险机构收回还贷。“倒按揭”最早起源于荷兰，发展最成熟的是美国。对于拥有房产但缺乏其他收入来源的老年人来说，它提供了一种“以房养老”的方式。应该说，“倒按揭”以房养老模式，在形式上，房子的产权归属，仍然是老人的，直至其去世，这满足了人们“居者有其屋”的心理需求。因此，这种养老模式，应该是不少人的正确选择，有望在我国普遍应用。

案例解读

银行系以房养老

孙大爷在西安市区有一套70平方米的房子，按照目前每平方米平均7 000元左右的单价，市值约50万元。孙大爷向银行抵押该房产申请以房养老业务。按照银行的相关规定来看，申请以房养老业务的老人或者法定赡养人必须至少拥有2套房，其中1套用于抵押；贷款金额根据房产价值和养老人合理养老需求确定，最高不超过所抵押住房评估价值的60%，每月实际支付养老金额不超过2万元，贷款期限最长不超过10年，利率按照同档次基准利率或上浮执行。因此，按照60%的估值计算，孙大爷贷款总额约为30万元，贷款10年，约合每月2 500元。对比西安市目前两房的租金大约在1 800元左右，养老金比房屋出租要获得更多的现金。但除去贷款利息后，申请人实际拿到手的贷款金额要少一些。

银行以房养老业务有些像住房抵押贷款，但出发点不同。对银行来说，前者主要是为了收取利息，银行一般不愿意接收房屋；而后者银行已经有了接收房屋的预期和准备。这种模式适合10年之内经济负担较重，并且预期将来有还款能力的借款人。比如55岁的人，尚未到领取养老金的年纪，但孩子正在上大学，开支较大。这种情况下可以考虑抵押房屋，等将来孩子工作了，自己也有了养老金，就有能力偿还贷款了。银行以房养老的缺陷是，规定了抵押期限，到期后如果不还款，房子就没了。对于不少老人来说肯定有顾虑。

保险系以房养老

仍以孙大爷为例，以70平方米市值约50万的房子，向保险公司申请以房养老业务。按照目前保监会对以房养老的指导性意见，再结合保险公司在实际操作中的相关规定来看，申请以房养老业务的孙大爷不管是有一套还是一套以上的房子，都可以用其中的一套进行以房养老。保险公司给孙大爷所支付的总金额应该是50万元的70%左右。保险公司给孙大爷每月支付的金额不会是10年或者20年，而是支付到孙大爷去世。那么，保险公司每个月给孙大爷支付多少钱呢？据介绍，保险公司首先会从房屋评估价的70%左右之中扣掉自身的经营费用，然后，再结合未来的利率水平、通胀水平、经济运行状态等因素，给出一个标准值。另外，保险公司会根据我国最新公布的5年人均寿命进行计算，最终得出一个数据，这就是保险公司每个月给孙大爷的养老金额。以20年计算，目前估计应该为每月1 400～1 500元。

保险系以房养老优势较为明显。投保的老人根本不需要考虑将来给银行还利息，只管消费目前的养老费用，老人将来去世之后，房屋就归保险公司所有。对投保的老人来说，最大的风险就是自己突然遭受意外，没有领多少钱人不在了。而对保险公司来说，面临未来房价可能下跌和老年人长寿的风险。

法律条款

国务院《关于加快发展养老服务业的若干意见》：开展老年人住房反向抵押养老保险试点。

中国保监会《关于开展老年人住房反向抵押养老保险试点的指导意见》(2014年6月23日)：北京、上海、广州、武汉成为首批保险版以房养老试点城市。

中国保监会2015年3月批复了国内首款以房养老保险产品幸福人寿“幸福房来宝老年人住房反向抵押养老保险A款”的条款和费率，首批试点城市也陆续尝鲜。

中国保监会《关于延长老年人住房反向抵押养老保险试点期间并扩大试点范围的通知》(2016年7月)，将试点范围扩大至各直辖市、省会城市、计划单列市以及江苏、浙江、山东、广东等部分地级市。

锦囊妙计

我国目前的养老保障体系主要有三部分，即社保、商业保险和企业年金。其中，社保只能保障社会平均线，商业保险更适合年轻人，企业年金只有少数企业才能享受。通过“倒按揭”的方式，将老年人的房产资产通过配置，变成资源，弥补了养老保险体系的一大缺口。作为新的养老模式，以房养老目前还在摸索之中。越来越多的人赞成这样的做法。但也有人认为，以房养老看上去挺好，但更适合锦上添花而非雪中送炭。

据了解，上海目前的“以房自助养老”做法是：65岁以上的老年人，可以将自己的产权房与市公积金管理中心进行房屋买卖交易，交易完成后，老人可一次性收取房款，房屋将由公积金管理中心再返租给老人，租期由双方约定，租金与市场价等同，老人可按租期年限将租金一次性付与公积金管理中心，其他费用均由公积金管理中心交付。

老婆子，我们可以
倒按揭，将这套房
抵押了，住养老院，
把小花猫也带上。

老年人趁早协议确定监护人

一些老年人把子女们都抚养长大成人了，自己却生病了，非常需要子女们承担扶养义务，履行监护职责，保障老人的幸福生活。但是，现实中类似故事并不少见：几个儿女对生病的父母，推来推去地监护，推来推去地扶养。老人现实的生活处于饥饱不知、吃喝拉撒不能自理的痛苦中，几个儿女谁也不主动承担监护责任，谁也不主动履行赡养义务，但都惦记着属于父母的房产。如果发现子女们有这样的可能或倾向，觉得靠子女养老送终不靠谱的时候，老年人可以依法通过协商自主确定信得过、有能力的人担任自己的意定监护人。

案例解读

不孝之子让她成为有心人　尝试意定监护制度受益

周老太精神出问题了，就像半年前她担心的那样。先是无端地走失，做出很多奇怪的行为，慢慢地终于连吃喝拉撒也不能自理。大儿子带她去了精神卫生中心，医生明明白白地说了“血管性痴呆”，只能让她住进护理院。

小儿子大吵大闹，要把她接回自己家。从下午一两点到凌晨一两点，护理员换了个班，他还没停下来。院方都心虚了，儿子来接妈，有什么理由拦着？

周老太看上去毫无知觉，眼前的画面在她脑子里是否还能形成意义，没人知道。她没法说“好”，也没法说“不”。但是她“留了一手”。在神志清醒的最后日子，她签署了一份法律文件，挑选了大儿子的女儿，也就是她的孙女做监护人。假如有朝一日昏迷、糊涂、失去意识，她不能把自己交到小儿子手里。

老人活到85岁，两个儿子什么脾性，她太知道了。十年前，老宅动迁，两套动迁安置房到手，房产证上赫然出现小儿子的名字。周老太那时候就会用“法律武器”，把小儿子给告了。但是官司没打赢，原因是老两口拿不出充分证据。后来老头子去世了，大儿子不让她一个人单过，把她接到家里。她那两套房子一套空着，一套出租，租金就当养老金了。

年初，她突发脑梗，幸亏送医及时，救了回来。脑梗这个病她是知道的，说不好哪天又要复发，周老太觉得要做准备，过去的事悬在眼前，两套房子放在那里，万一她以后糊涂了，不能没有做主的人。她催着大儿子去了公证处，办个意定监护公证。

“意定监护”这么生僻的东西，不知道周老太是怎么知道的。工作人员给儿孙们科普：“具有完全民事行为能力的成年人，在智力正常的时候，可以用书面形式确定自己的监护人，等以后年老患病，丧失或者部分丧失民事行为能力，就由这个预先指定的监护人履行监护职责。”

大儿子身体不好，年纪轻轻的孙女说，她来。万一到了文件里说的那个地步，周老太的护理照管、医疗救治、财产监管、权益诉讼甚至死亡丧葬，都由孙女负责。而且，孙女不必担心叔叔干扰，因为在法律上，意定监护受托人的监护权行使优于法定监护人。

办理公证的手续很多，又是谈话签字，又是录音录像。事情办好，周老太放心了。

没想到半年以后，她留的这一手就派上用场。大儿子去了公证处，要求出具文件。公证处的人先到护理院看了周老太，又去精神卫生中心核实诊断书，确定她的状况“符合原先设定的意定监护生效条件”，把监护人资格公证书发给了他们。

居委会原先从小儿子那头听说，周老太被大儿子虐待，天天绑在养老院里。看到公证书，他们有点明白了这桩家庭纠纷的来龙去脉。不用给周老太另外指定监护人了。

这是上海首个生效的意定监护案例，周老太是中国第一个意定监护法律制度的受益者。

独居老人选择意定监护人　患病之后一切事务托外人

前几天，65岁的独居老人陈女士在公证处拿到了意定监护公证书，指定她的一个忘年交代理自己失能后的一切事务。

陈女士是外地居民，与丈夫没有生育子女。自丈夫去世后，她就一直独居在上海。陈女士有足够的积蓄支付自己的晚年生活开销，而且目前生活各方面都可以自理。但不久前好友突发脑溢血失去意识，让她意识到一旦自己突发疾病，身边却没有亲人能作为监护人代理她决定医疗方案和管理财产。

陈女士有个忘年交阿兰，她为人机灵，善于处理生活中的大小事务，平时陈女士生活中遇到什么困难，都是阿兰帮忙解决的。甚至在陈女士的丈夫去世时，大小事务都是阿兰帮忙打点的。陈女士很信任阿兰，和她商量过后，陈女士决定一旦日后自己失去了意识，就由她来处理自己的各项事务，如决定医疗方案，请保姆、管理财产等。

了解了陈女士的需求后，公证员立即根据陈女士的要求，拟定了意定监护协议书和办理意定监护公证。

法律条款

《中华人民共和国民法总则》第三十三条：具有完全民事行为能力的成年人，可以与其近亲属、其他愿意担任监护人的个人或者组织事先协商，以书面形式确定自己的监护人。协商确定的监护人在该成年人丧失或者部分丧失民事行为能力时，履行监护职责。

第三十四条：监护人的职责是代理被监护人实施民事法律行为，保护被监护人的人身权利、财产权利以及其他合法权益等。监护人依法履行监护职责产生的权利，受法律保护。监护人不履行监护职责或者侵害被监护人合法权益的，应当承担法律责任。

第三十五条：监护人应当按照最有利于被监护人的原则履行监护职责。监护人除为维护被监护人利益外，不得处分被监护人的财产。

成年人的监护人履行监护职责，应当最大程度地尊重被监护人的真实意愿，保障并协助被监护人实施与其智力、精神健康状况相适应的民事法律行为。对被监护人有能力独立处理的事务，监护人不得干涉。

《中华人民共和国老年人权益保障法》第二十六条：具备完全民事行为能力的老年人，可以在近亲属或者其他与自己关系密切、愿意承担监护责任的个人、组织中协商确定自己的监护人。监护人在老年人丧失或者部分丧失民事行为能力时，依法承担监护责任。

锦囊妙计

监护是为监督和保护无民事行为能力人和限制民事行为能力人的合法权益而设立保护人的一种民事法律制度。监护依设立的方式，一般可分为法定监护、指定监护、意定监护和委托监护。其中，意定监护是指有完全民事行为能力的成年人，可以与其近亲属、其他愿意担任监护人的个人或者组织事先协商，以书面形式确定自己的监护人。协商确定的监护人在该成年人丧失或者部分丧失民事行为能力时，履行监护职责。

我国已进入老龄社会，加强老年人权益保障和法律服务工作意义重大。2015年4月修正的《中华人民共和国老年人权益保障法》中首次提出了意定监护制度，2017年10月1日施行的《中华人民共和国民法总则》将意定监护的适用人群范围扩大至所有具有完全民事行为能力的成年人，有力地保障了成年人，特别是老年人丧失或者部分丧失民事行为能力时能够有所养、有所依。目前，一些公证机构根据当事人的申请，依法办理意定监护协议公证，有效维护当事人的合法权益。

办理意定监护公证的主要操作要点如下：

（1）《中华人民共和国民法总则》和《中华人民共和国老年人权益保障法》等法律规定了意定监护制度，当事人可以依法向公证机构申请办理意定监护协议公证，公证申请人应为意定监护的设立人和协商确定的监护人双方。

（2）公证员应向当事人阐明意定监护制度的法律意义、法律风险、法律后果和监护人的责任，审查当事人是否具备民事行为能力以及意思表示是否真实。

（3）公证员可以根据当事人的意思表示代为起草意定监护协议文书。意定监护协议文书应当明确意定监护事项、监护职责、监护条件实现的确认方式、争议解决等方面的内容。

（4）意定监护协议公证办理后，公证机构、公证员负有保密义务，不得向协议双方以外的第三人透露意定监护协议的内容，以维护意定监护协议双方，特别是设立意定监护的老年人的合法权益。在意定监护条件实现时，公证机构可以根据申请，向意定监护的设立人的所有法定监护人公开意定监护公证文书。

（5）公证机构办理意定监护协议公证，应当在公证书出具后及时将意定监护协议公证上传至全国公证管理系统进行备案。

敬老院养老的各方法律责任

近些年来，我国老年人到敬老院、养老院等社会养老机构养老的，越来越多，这也是我国养老服务体系未来发展的一个趋势。老年人赴敬老院等养老机构养老，应该弄明白各方的法律责任，依法维护合法权益。

案 例 解 读

室友致伤害　敬老院担责

王女士的弟弟下肢瘫痪且孤身一人，一直由姐姐照顾。由于王女士也年近七十，身体不好，故将弟弟送进敬老院。不久，患有严重精神病症的赵某被亲属送入该敬老院。王女士在探望弟弟时发现赵某患有精神病后，对敬老院将赵某与其弟弟安排在同室居住提出异议，未果。

赵某入院后不久，因琐事与王女士的弟弟发生口角。赵某就用打火机将枕头引燃后扔到王女士的弟弟的床上，引起火灾，造成王女士的弟弟全身60%的烧伤。在王女士的弟弟抢救治疗期间，敬老院为其支付了住院费5.6万余元。但几天后，王女士的弟弟经抢救治疗无效死亡。经鉴定，赵某无刑事责任能力，王女士遂以王女士的弟弟与敬老院之间订有养老协议，敬老院未能依约对王女士的弟弟履行安全保障义务，造成其死亡，应承担违约责任为由，将敬老院诉上法庭。

法院认为，敬老院在《入院须知》中已明确规定，敬老院不接收精神病、传染病人，入住后发现有精神病或传染病者或隐瞒精神病等，应予以退院。赵某入住敬老院时已处于严重的精神病状态，敬老院未按该院规定对赵某采取退院措施，应承担全部责任。故判决敬老院赔偿王女士的弟弟死亡赔偿金、丧葬费、经济损失等共计31万余元。

合同免责条款　于法无据无效

87岁的林老太经人介绍，由儿子送至养老院，与养老院签订了服务合同，聘请护工负责日常起居。入院后不到一个月，林老太就在自己居住的房间内因地面湿滑摔倒，造成左股骨粗隆间骨折。后前往多家医院治疗，花去各项费用1万余元。林老太认为，养老院实行全天护理，由于其管理不严，护理不规范，存在严重过失，造成自己受伤，故将养老院告上法院。而养老院则认为林老太在入院时与养老院签订了协议书和告知书，内有原告受伤属免责范围的条款，且原告选择了三级护理，其起身走动等行为不包括在护理范围之内，亦可减轻自己的护理责任。

法院认为，双方已形成养老服务合同关系，被告因此负有保障原告人身不受伤害的义务。现原告在住养老院期间摔伤，被告应承担违约赔偿责任。被告辩称在协议书、告知书上已声明原告发生伤害其不负责任的条款，依法属于无效条款。法院判令养老院赔偿林老太各类财产损失1.2万余元。

法律条款

《中华人民共和国老年人权益保障法》第十三条：老年人养老以居家为基础，家庭成员应当关心和照料老年人。

第十五条：赡养人应当使患病的老年人及时得到治疗和护理；对经济困难的老年人，应当提供医疗费用。对生活不能自理的老年人，赡养人应当承担照料责任；不能亲自照料的，可以按照老年人的意愿委托他人或者养老机构照料。

《中华人民共和国合同法》第五十三条：合同中的下列免责条款无效：（一）造成对方人身伤害的；（二）因故意或者重大过失造成对方财产损失的。

民政部《养老机构管理办法》第九条：养老机构按照服务协议为收住的老年人提供生活照料、康复护理、精神慰藉、文化娱乐等服务。

第十一条：养老机构为老年人提供服务，应当与接受服务的老年人或者其代理人签订服务协议。

第二十一条：养老机构应当实行24小时值班，做好老年人安全保障工作。

锦囊妙计

现实生活中，养老服务协议通常是由养老机构提供的格式合同。在这里，需要强调两点，一是该类格式合同不得包括排斥、限制老年人权利、免除己方义务内容，二是养老服务合同属于要式合同，即必须具有书面协议的形式，且服务协议应当载明下列事项：(一) 养老机构的名称、住所、法定代表人或者主要负责人、联系方式；(二) 老年人及其代理人和老年人指定的经常联系人的姓名、住址、身份证明、联系方式；(三) 服务内容和服务方式；(四) 收费标准以及费用支付方式；(五) 服务期限和地点；(六) 当事人的权利和义务；(七) 协议变更、解除与终止的条件；(八) 违约责任；(九) 意外伤害责任认定和争议解决方式；(十) 当事人协商一致的其他内容。

从当前我国养老机构养老的实际情况出发，研究分析各类案例，我们认为社会养老应该关注以下几个方面的问题：

一是要签订细致的养老服务合同。与养老院签订的合同，越详细越好。老年人的家属最好与养老院签订正式的书面合同。养老院应当履行何种程度的看护义务应当明确约定，条款尽可能地细化，不能只达成口头协议。

二是关注老年人的摔伤现象。各类纠纷中，老年人摔伤的案例最多。客观上来看，养老院是老人多护工少，尽管是全天候护理，但是护工也会有去洗手间、吃饭的时候。从这点上来说，养老机构应当量力而行，切忌盲目追求经济利益，因为养老院有保证老年人安全健康生活的义务和责任。

三是注重老年人的精神赡养。老年人在养老院得到的是物质生活方面的看护，由于进入养老院的老年人有各种原因，比如失独、子女均在外地等，他们的精神是孤独和无助的，在这种状态下，更容易发生伤害事故。因此，养老院应当更加注重他们的精神状态；送老人去养老院的子女，也应定期去探望父母，陪老人聊天，让他们在精神上得到慰藉。

第五篇

日常生活维权

知法·用法

“莫道桑榆晚，为霞尚满天。”老年人忙忙碌碌一辈子，晚年本应享受硕果累累的幸福生活，但是在现实生活中，老年人的合法权益受到侵害的事件时有发生，需要社会各界的关注，也需要老年人增强风险意识，善于以法维权。

在现代法治社会，日常生活中，几乎每一件事都涉及法律知识。因此，现代人，包括老年朋友，都应该具有较强的法律意识和一定的法律知识，做到学法、懂法、守法、用法。通过学法、懂法，掌握与日常生活方方面面有关的法律常识，形成良好的法律观念和证据意识；通过守法、用法，成为一个依法行事、以法维权的模范公民。如果从满足日常生活需要的角度，老年朋友需要学习和熟悉我国《宪法》《老年人权益保障法》《民法通则》《民法总则》《物权法》《合同法》《婚姻法》《继承法》等法律法规。同时，建议老年朋友们从阅读本书开始，形成经常阅读法律图书、观看法治节目的习惯。

常言道“君子不立危墙之下”。日常生活中要善于发现并远离风险，这是一门学问。面对不确定的法律和道德风险，要注意防患于未然，日常生活中就应该注意每一个细节，特别是以下几个方面：一是管好身份证件及其复印件；二是慎重签名；三是消费或购物要索取并保留单据；四是交付材料或财产时让对方签收；五是留下生活的“痕迹”，如出差保留机票或者旅馆发票，会见陌生人向对方索要名片，交纳现金款项把从银行提款的单据保留下来，等等。

高价保健品购货容易退货难

时下，我国已渐入老龄化社会，“健康经济”方兴未艾。然而一些经营者却把“经”念歪了，抓住老人得到小恩小惠易丧失警惕的心理，买保健品附赠礼品、旅游项目。实际上货品价值虚高，旅游品质难保，一旦发生意外与纠纷，投诉维权相当困难。

案 例 解 读

高价成为会员　退款遭到拒绝

一名87岁高龄的老人来到消保委投诉称其先后共支付14.9万元在某保健品店购买了诸多保健品，成为高级会员，期间经常收到商家赠送的礼品，参加迪拜、杭州等旅游。最近，老人发现店方账目混乱，双方多次对账都未能理清，老人认为店方不诚信存在欺骗，要求退会退款，而商家以商品不存在质量问题为由不同意退货。老人为此非常懊恼，寝食不安。于是，在家人陪同下，找到了消保委。

为调解此案，消保委紧紧抓住两点：其一，老人87岁高龄，属于较特殊的人群，购买14.9万元数额巨大的保健品能否预见后果，要酌情考量。其二，在老人要求核对账目的情况下，多次对账却未能理清，根据新《消费者权益保护法》的规定，经营者价目含糊导致账目不清，销售服务存有瑕疵。最后，经消保委调解，商家收回了老太太尚未消费的保健品，退还金额共计88 888元。

小广告、大价钱　要退货、被拒绝

约10天前，申大娘在一个商店附近遇到了一群发传单的人。领张传单，填张表，交1元钱，随后有礼品相送。申大娘觉得只交1元钱，就有礼品，于是交了钱，填了表。又过了几天，申大娘接到电话，对方叫她到新建大厦6层领一双鞋。当初答应的事情得以落实，大娘抽时间去了趟新建大厦。领到鞋后大娘被告知，组织方将举行保健品和治疗仪优惠促销，从即日开始连续4天。大娘继续参加，陆续领了一些礼品。最终，申大娘决定买一份保健药液，总价10 000元。

申大娘将万元保健品拿回家后，老伴觉得这钱花得不值。很快，申大娘也觉得，究竟这种保健品能有多大的功效？居然这么贵。申大娘有了想退货的想法，第二天一大早，她拿着从商家得到的所有东西（购买的、赠送的），急匆匆赶到新建大厦，提出退款要求。在现场，和申大娘有相同诉求的老人不少，大家都要求商家退款。申大娘介绍，对老人们提出的要求，经销商不答应，认为既然已经购买，无正当理由不予退款。

双方僵持不下，有人拨打了110报警。民警赶到了现场，随后，食品药品监督管理局的工作人员也赶来。

民警和食药监工作人员在现场进行调查，但并未发现经销商有违法销售和欺诈等行为，只能暂时认定为消费纠纷。在民警调解下，到中午时分，商户答应退款，但必须把所有赠送的东西退还。申大娘早有准备，如数退还赠送的东西，顺利拿到了10 000元退款。

法律条款

《中华人民共和国消费者权益保护法》第八条：消费者享有知悉其购买、使用的商品或者接受的服务的真实情况的权利。消费者有权根据商品或者服务的不同情况，要求经营者提供商品的价格、产地、生产者、用途、性能、规格、等级、主要成分、生产日期、有效期限、检验合格证明、使用方法说明书、售后服务，或者服务的内容、规格、费用等有关情况。

第二十条：经营者向消费者提供有关商品或者服务的质量、性能、用途、有效期限等信息，应当真实、全面，不得作虚假或者引人误解的宣传。经营者对消费者就其提供的商品或者服务的质量和使用方法等问题提出的询问，应当作出真实、明确的答复。经营者提供商品或者服务应当明码标价。

《中华人民共和国食品安全法》第七十五条：保

健食品声称保健功能，应当具有科学依据，不得对人体产生急性、亚急性或者慢性危害。

第七十八条：保健食品的标签、说明书不得涉及疾病预防、治疗功能，内容应当真实，与注册或者备案的内容相一致，载明适宜人群、不适宜人群、功效成分或者标志性成分及其含量等，并声明“本品不能代替药物”。保健食品的功能和成分应当与标签、说明书相一致。

第一百四十条：违反本法规定，在广告中对食品作虚假宣传，欺骗消费者，或者发布未取得批准文件、广告内容与批准文件不一致的保健食品广告的，依照《中华人民共和国广告法》的规定给予处罚。

锦囊妙计

随着生活水平的不断提高，人们越来越重视老年健康问题。一些不良商家抓住不少老人们心软、易上当的特点，让老人掉入保健品消费陷阱。个别老人还因一意孤行高价购买保健品，不惜与子女闹翻，引发家庭矛盾。在当前的老年人保健品市场上，以下消费陷阱需要特别当心：

一是免费试用。兜售高价老年保健品的商家，几乎都将“免费试用”作为幌子。在试用期间，商家还会讲解健康常识，给老人们一些心理暗示，让老人对自己的慢性病或老年疾病因心理暗示而感觉确实有疗效。免费试用后，大都是老人们甘愿掏腰包购买。

二是包治百病。不良销售人员把自己的产品吹嘘成能“包治百病”，有些商家还请“托”来现身说法，以说服老人购买。据业内人士透露，目前市面上出售的大部分老年保健品，只具备简单的保健功能，治病疗效甚微。

三是嘴甜体贴。老年人一般寂寞孤独，保健品商家往往抓住这一点，嘴甜地称呼老人们为“大爷”“大妈”，每天主动邀请老人前去聊天，甚至不惜“血本”带老人们去郊游，取得老人的信任。老人们心软之下掏出“老本”购买相关商品。

针对上述情况，老年人应该注意以下四点：一是“天下没有免费的午餐”，要谨慎对待以免费帮老年人体检、举办健康讲座等为名的“馅饼”；二是购买市场上推销的器械或药物前，多与家中年轻人沟通，让年轻人帮忙把关；三是有病时及时到医院治疗，器械或药品包治百病实属“天方夜谭”；四是注意保留相关票据凭证，一旦发现上当，应及时向消保委或药监部门投诉。

买了一房间你们的
高额保健品，吃了
都没用，应该退还给
你们！
不可能的！
你多吃就有
用啦！

助人为乐花费应该得到赔偿

日常生活中的助人为乐，在法律上就是“无因管理”。无因管理是指没有法定的或者约定的义务，为避免他人利益受损失而进行的管理或者服务的事实行为，该事实行为所产生的债务称之为无因管理之债。这里的“利益”，如果做扩张解释，就包括了对老年人的赡养。

根据法律规定，因发生无因管理事实而在管理人与本人之间形成的关系，叫作无因管理债权债务关系。其中，管理人负有将管理事实和情况告知本人，并将管理事务所得利益交付本人的义务，而本人则负有偿付管理人支出的必要管理费用，赔偿管理人损失的义务。

案例解读

柏父与柏母夫妇共有一子二女，分别为柏甲、徐妻、柏乙（柏甲系柏父与前妻所生，徐妻是徐某的妻子）。自2009年始，柏父、柏母夫妇因房屋拆迁即与徐某夫妇共同生活。

2013年6月30日，柏父夫妇与徐某夫妇达成协议，由后者支付柏父夫妇赡养费用，待柏父夫妇离世后，其名下的房屋一套归徐某夫妇所有，协议经公证后生效。但是，此后双方未前往公证处办理公证。2014年4月21日，柏父因病去世，原告徐某夫妇与被告柏乙经手办理了丧葬事宜，被告柏甲未支付费用。2014年11月9日，徐妻因意外死亡。2015年4月2日至2015年9月30日间，原告徐某为柏母支付了医疗费6 901.91元。2015年11月25日，柏母因病去世。由原告徐某牵头办理了柏母的丧事，被告柏甲亦未支付费用。2017年6月11日，原告徐某以被继承人债务清偿纠纷为由向法院提起诉讼，要求确认其与柏父、柏母于2013年6月30日签订的协议有效，被告柏甲、柏乙履行产权过户协助手续并承担诉讼费用。经法院主持调解，双方自愿达成了调解协议：房屋归原告徐某所有，原告徐某贴补被告柏甲、柏乙各20 000元、28 000元。

2018年3月11日，原告再次向本院提起诉讼，要求被告柏甲、柏乙给付柏父、柏母的医疗费和丧葬费40 352.52元。在审理中，原告就其所主张的单独出资为柏父、柏母办理丧葬的事实向法庭提供了其自行记录的账目及柏乙记录并由原告添加部分内容的账目各一份，被告对原告自行记载的内容均不予认可，且被告柏乙辩称相关丧葬费用均系其支付。

法院经审理认为，赡养父母是子女的法定义务。被告柏甲、柏乙系柏父、柏母儿女，依法应履行包括支付生活费、医疗费及丧葬费等在内的赡养义务。被告柏甲虽非柏母所生，但其自15岁未独立生活时即与柏母共同生活，柏父、柏母夫妇已对被告柏甲尽抚养教育的义务，故被告柏甲作为继子应依法履行对柏母的赡养义务。原告妻子徐妻去世后，原告即不再负有赡养柏母的义务，柏母此后的赡养义务依法应由被告柏甲、柏乙承担。原告为柏母支付的医疗费等费用应由被告柏甲、柏乙予以返还。两被告抗辩柏父、柏母死亡时尚有住房一套，作为其遗产时应先行处理二人医疗、丧葬费等债务，因该医疗费并非柏父、柏母的债务，故柏母生前由原告支付的医疗费用应由被告柏甲、柏乙承担。依照《中华人民共和国民法通则》第九十三条的规定判决：原告徐某垫支的柏母的医疗费、丧葬费合计7 577.71元由被告柏甲、柏乙各偿还二分之一。一审判决后，双方当事人在法定期限内均未提出上诉，一审判决发生法律效力。

这是一起因老年人赡养问题引发的无因管理纠纷案件。本案的争议焦点是：一是老年人死亡后的丧葬费是否应从老年人的遗产中予以优先支付；二是赡养义务人以外的第三人支付了老年人的医疗费、丧葬费等费用后，是否有权向赡养义务人追偿。我国目前尚未对老年人死亡后安葬及后事处理问题作出明确的法律规定，本案中合议庭运用民俗习惯作为判决的基础，对当事人间的权利、义务进行了较好的规制，这是当事人服判息诉的重要原因。

法律条款

《中华人民共和国民法通则》第九十三条：没有法定的或者约定的义务，为避免他人利益受损失进行管理或者服务的，有权要求受益人偿付由此而支付的必要费用。

《最高人民法院关于贯彻执行〈中华人民共和国民法通则〉若干问题的意见（试行）》第一百三十二条：民法通则第九十三条规定的管理人或者服务人可以要求受益人偿付的必要费用，包括在管理或者服务活动中直接支出的费用，以及在该活动中受到的实际损失。

《中华人民共和国继承法》第三十三条：继承遗产应当清偿被继承人依法应当缴纳的税款和债务，缴纳税款和清偿债务以他的遗产实际价值为限。

锦囊妙计

没有法定或约定赡养义务的当事人，在主动履行了赡养老年人的义务后，有权向赡养义务人追偿。上述案件中，两被告作为其父母的法定赡养义务人毋庸置疑，且徐某在其妻子去世后，对其岳父母即不再负有赡养方面的协助义务。根据我国民法通则中关于无因管理之债的相关规定，没有法定的或者约定的义务，为避免他人利益受损失进行管理或者服务的，有权要求受益人偿付由此而支付的必要费用。法院对条文中的“利益”一词合理扩张解释，将精神上的利益纳入其中。即因作为赡养义务人的被告未履行其法定义务，没有法定或者约定义务的徐某代为履行了对被告父母的生养死葬义务，避免老年人因无人赡养而流落在外，从而使赡养义务人免受公序良俗的“负面评价”或在社会名誉上遭受更大损失，原告因此要求在社会名誉上受益的被告偿付由此而支付的必要费用的，依法应予支持。

目前，我国《老年人权益保障法》等相关法律仅就赡养人对老年人经济上供养、生活上照料和精神上慰藉及照顾老年人的特殊需要方面规定了相应义务，未就老年人死亡后的安葬和处理后事的问题予以明确规定。按照民事法律适用的原则，有法律依法律，无法律依民事习惯。老年人死亡后安葬问题，法律无明确规定，就应当按照民间习惯进行保护，发生争议，也要按照民间习惯进行裁决。依照我国现有公序良俗原则及民间风俗习惯，“生养死葬”是子女应尽义务，死后安葬亦是广泛意义上的赡养义务，由此发生的费用支付也应属赡养人的义务范畴。老年人依法处分个人财产的，子女不得干涉，同时，子女不得以放弃继承权或者其他理由，拒绝履行赡养父母的义务。

老年家庭投资理财谨防诈骗

随着生活水平的提高，家庭资产的富裕，人们都喜欢选择投资理财来管理和分配个人或家庭的资产，从而达到保值增值的目的。老年人家庭也不例外。但由于老年人金融理财知识不多，对外交往较少，少数人贪图高回报等因素，不法分子就是打着高回报、快速赚钱的旗号，骗取老年人的财产。

案例解读

听信收藏高收益　十万元投资打水漂

退休老人张某听销售人员说有很多外国货币和艺术品可供收藏，并承诺半年或一年后会回购这些纪念品，回购价要比现在高很多。老张心想："钱放在那里我基本上也用不到，既然有这么好的项目和收益，为啥不拿出去投资呢？"于是，他陆续投资达10万元，买到了一批纪念品，坐等收益。可谁知，半年过去了，所谓的高收益没见到，收藏公司已人去楼空，老张的10万元打了水漂。

本案是专门针对老年人的投资理财诈骗，犯罪分子抓住老年人知识更新慢、对收藏品了解少的弱点，以高回报为诱饵骗取钱财。天上不会掉馅饼，老年人不可轻信他人，避免给骗子可乘之机。在投资之前多与子女、家人或专业人士沟通，提高防范意识。

空壳公司高额回报作诱饵　老年家庭千万多元被诈骗

不久前，75岁的上海黄老先生给深圳市公安局写了一封举报信，信中说他一辈子的积蓄都被骗走了。

黄老先生膝下有一子一女，已经各自成家，原本其乐融融的一家人，却从2015年5月开始出现了裂痕，并最终演变成父女反目。黄老先生说，这一切的起因是之前他从女儿那里借的5万元钱。

当女儿的公公重病住院急需用钱的时候，黄老先生却一分钱也还不出来，因为没钱，女儿的公公没办法接受治疗，不久便去世了。最终女儿把突发的状况全都怪罪在借走她5万元钱不还的父亲黄老先生身上。而黄老先生把他从女儿那里借来的5万元钱，连带自己与老伴儿一辈子的积蓄全部用于所谓的理财投资。

黄老先生把钱全部投给了“深圳市中侨生物科技有限公司”，这家公司承诺按照一年24%利息计算，黄老先生用于投资的31万元，一年什么都不用做就可以净赚7万多元。黄老先生心想，靠这每年7万多元的利息，退休生活可以高枕无忧了。但黄老先生得知女儿的公公病重急需用钱，他还是决定撤回这笔在他看来稳赚不赔的投资。不料，这钱却怎么都要不回来了。这时，黄老先生才恍然大悟，原来所谓的高额回报只是一个骗局。最终，他非但没把自己投资的31万元追回来，还因为赔掉了亲家的5万元“救命钱”，造成父女反目。

和黄老先生一样的，还有江苏常州的王老先生，他也投资了这家深圳的公司。经不起高息诱惑的王老先生，不仅自己投资了3万元，还劝说自己68岁的姐姐跟着投了6万元，结果姐弟俩双双竹篮打水一场空。

吴老先生今年63岁，他和湖南长沙所有被骗的400多名老年投资者，共同成立了一个维权委员会，起初他们还抱有侥幸心理。想以不报警作为交换条件，向投资的深圳公司讨回投资款。对方答应2015年9月就还钱，但是后来就联系不上了，吴老先生和他的朋友们一共投了1 900多万元，只讨回来20多万元。

和上海的黄老先生、江苏的王老先生一样，湖南长沙受骗的400多名老年投资者也向警方报警求助。警方调查后发现，“深圳市中侨生物科技有限公司”于2014年3月在深圳注册成立，公司总部虽然设在深圳，但在不断增加的受害老年投资者当中，却很少有深圳本地的受害者。因为如果在深圳集资，一旦资金链断裂，这些受害者很快就能找到幕后的经营者和相关负责人。而在离深圳比较远的地方设立分公司，由于受害者是一些老年人，年老体弱，很难进行维权。

为了逃避法律的制裁，深圳中侨公司先后在广州、佛山、湖南长沙、江西南昌、上海黄浦区、江苏常州等地设立分公司，以推销保健品为由，引诱各地老人到其分公司听课洗脑，然后承诺年息24%以上的高额回报，向他们进行借款融资，异地进行非法集资。按照中侨公司官方网站上的介绍，中侨公司是专业生产健康食品，集研发、生产和销售于一体的新型生物科技企业，但这只是中侨公司用来掩饰非法集资活动的幌子。根本就没有生产经营的迹象，公司永远是大门紧闭，只有少量工作人员进出。

为了骗取投资者的信任，中侨公司会不定期组织各地的老年投资者，到深圳公司总部参观。在"寸土寸金"的深圳，占地3万多平方米的生产车间，外加6 000万的注册资本，中侨公司就靠一个有名无实的空壳公司，让这些老年投资者对它的发展前景和资金安全深信不疑，纷纷把自己的钱投进来。短时间内竟然非法吸纳了上亿资金。那么，中侨公司通过欺骗手段募集到的巨额投资款，最终又用到哪里去了呢？

中侨公司按照集资款的总额，分公司提成30%，剩下的70%汇到总公司，总公司用以支付工厂的租金等，还有一部分用于公司掌控人的挥霍。因为深圳中侨公司资金链断裂，2015年5月，中侨公司位于江西南昌的分公司就已经关门倒闭，但这并没能停止中侨公司继续非法集资。江西南昌的分公司倒闭后，他们马上又到江苏常州重新开一家公司，吸收公众存款。

2015年9月10日，深圳警方联合涉案六地的公安机关，对中侨公司涉嫌非法集资案开展统一收网行动。行动中，广东警方共抓获包括主犯在内的42名涉案人员，查扣合同、收据等一批关键证据。经统计，"深圳市中侨生物科技有限公司"在成立不到一年半的时间里，就已经吸收资金1.2亿元，涉及全国各地1 100多名受害人，其中绝大部分是老年人。对于巨额投资款的去向，中侨公司的董事长和法定代表人赖某落网后却一问三不知，深圳警方随后调查发现，赖某作为中侨公司的董事长，本身又是一个骗局。

赖某，今年62岁，重庆市人。在中侨公司的宣传刊物上，可以看到有关他各种光鲜靓丽头衔的介绍。赖某同时还是生物学硕士、医药学博士，历任重庆市中医药协会常务理事，深圳市重庆商会常务副理事长，而他的真实学历只是小学毕业。赖某承认宣传材料上的头衔都是编的，目的是蒙骗老年人。据赖某交代，他虽然是中侨公司的董事长，但公司实际的“话事人”、经营者却是在他手下担任业务经理的孙某，董事长颠倒过来给手下打工，这究竟是怎么回事？

孙某，今年42岁，江苏徐州人。深圳警方调查发现，孙某才是中侨公司最初注册成立时的法定代表人，但他这个法定代表人还没做满两个月，就又变更成赖某，由赖某接替他的董事长之位至今。好端端的董事长放着不做，却跑去当业务经理，实际上孙某对自己东窗事发早有打算。他把别人推向前台，想在案发之后，能够逃避法律责任。

“公司前三年产值3.5亿元，后两年将达到5.8亿元”，赖某就是按照这样的演讲稿，一次又一次地给老年投资者，凭空捏造中侨公司的第一个“五年计划”。让不明真相的老年人头脑发热，觉得自己投到了一个赚钱的好项目。上当受骗的老年人看重的是高额的利息，而这些骗子看中的却是老年人的本金，中侨公司实际上就是凭着一张嘴，贩卖一纸“暴利承诺”的合同，仅用一年多的时间就融资1亿多元。

投资理财的诈骗行为属于犯罪，应该受到《刑法》处罚。市场上不法分子利用投资理财手段进行经济犯罪的活动，常见的有四种类型：

其一，以非法吸取公众存款和诈骗为目的的非法证券、非法基金投资理财业务。一些互联网网站和论坛打着“近日将翻番的××股票”“直击××公司内幕”“短期暴利100%”等醒目字样吸引公众浏览。不法分子通过招收会员、推荐“牛股”、私募操作的形式收取费用，欺骗民众，非法敛财。

其二，以提供中介服务或专业经纪业务的名义，骗取投资者的保证金或者手续费。不法分子以提供低价房产及暴利高风险产品等吸引投资者的眼球，利用投资者急切的投机心态，签订《房产买卖定房合同书》或其他购买协议合同书，直接骗取购房、购物订金。

其三，以提供非法网络交易平台，赚取交易手续费的非法黄金投资交易。近期由于金价出现连续上涨，部分非法黄金投资业务公司又有回潮迹象，通过刻意隐瞒交易风险，扩大投资回报率，提供网络交易平台，进行所谓的“标金”“伦敦金”“香港黄金”的现货延期交易。此类黄金交易实质是一种非法变相期货交易，存在巨大的投资风险。

其四，冒用银行名义推销各种理财产品。假冒某家银行的名义或经同意授权代理销售理财产品，并以新年酬宾为名赠送礼品套餐，提高投资收益，从而吸引民众投资，其理财产品的形式具有多样性、欺诈性、隐蔽性，如产品冠名“实业投资”“收益型理财”“国债型投资”“企业债券”等。

法律条款

《中华人民共和国商业银行法》第三条：商业银行可以经营下列部分或者全部业务：(一) 吸收公众存款；(二) 发放短期、中期和长期贷款；(三) 办理国内外结算；(四) 办理票据承兑与贴现；(五) 发行金融债券；(六) 代理发行、代理兑付、承销政府债券；(七) 买卖政府债券、金融债券；(八) 从事同业拆借；(九) 买卖、代理买卖外汇；(十) 从事银行卡业务；(十一) 提供信用证服务及担保；(十二) 代理收付款项及代理保险业务；(十三) 提供保管箱服务；(十四) 经国务院银行业监督管理机构批准的其他业务。

经营范围由商业银行章程规定，报国务院银行业监督管理机构批准。

商业银行经中国人民银行批准，可以经营结汇、售汇业务。

第十一条：设立商业银行，应当经国务院银行业监督管理机构审查批准。

未经国务院银行业监督管理机构批准，任何单位和个人不得从事吸收公众存款等商业银行业务，任何单位不得在名称中使用“银行”字样。

《中华人民共和国银行业监督管理法》第十九条：未经国务院银行业监督管理机构批准，任何单位或者个人不得设立银行业金融机构或者从事银行业金融机构的业务活动。

第四十四条：擅自设立银行业金融机构或者非法从事银行业金融机构的业务活动的，由国务院银行业监督管理机构予以取缔；构成犯罪的，依法追究刑事责任；尚不构成犯罪的，由国务院银行业监督管理机构没收违法所得，违法所得五十万元以上的，并处违法所得一倍以上五倍以下罚款；没有违法所得或者违法所得不足五十万元的，处五十万元以上二百万元以下罚款。

《中华人民共和国证券法》第二条：在中华人民共和国境内，股票、公司债券和国务院依法认定的其他证券的发行和交易，适用本法；本法未规定的，适用《中华人民共和国公司法》和其他法律、行政法规的规定。

政府债券、证券投资基金份额的上市交易，适用本法；其他法律、行政法规另有规定的，适用其规定。

证券衍生品种发行、交易的管理办法，由国务院依照本法的原则规定。

第一百六十九条：投资咨询机构、财务顾问机构、资信评级机构、资产评估机构、会计师事务所从事证券服务业务，必须经国务院证券监督管理机构和有关主管部门批准。

投资咨询机构、财务顾问机构、资信评级机构、资产评估机构、会计师事务所从事证券服务业务的审批管理办法，由国务院证券监督管理机构和有关主管部门制定。

第一百七十一条：投资咨询机构及其从业人员从事证券服务业务不得有下列行为：(一) 代理委托人从事证券投资；(二) 与委托人约定分享证券投资收益或者分担证券投资损失；(三) 买卖本咨询机构提供服务的上市公司股票；(四) 利用传播媒介或者通过其他方式提供、传播虚假或者误导投资者的信息；(五) 法律、行政法规禁止的其他行为。有前款所列行为之一，给投资者造成损失的，依法承担赔偿责任。

《中华人民共和国刑法》第一百七十六条【非法吸收公众存款罪】：非法吸收公众存款或者变相吸收公众存款，扰乱金融秩序的，处三年以下有期徒刑或者拘役，并处或者单处二万元以上二十万元以下罚金；数额巨大或者有其他严重情节的，处三年以上十年以下有期徒刑，并处五万元以上五十万元以下罚金。

单位犯前款罪的，对单位判处罚金，并对其直接负责的主管人员和其他直接责任人员，依照前款的规定处罚。

第一百七十九条【擅自发行股票、公司、企业债券罪】：未经国家有关主管部门批准，擅自发行股票或者公司、企业债券，数额巨大、后果严重或者有其他严重情节的，处五年以下有期徒刑或者拘役，并处或者单处非法募集资金金额百分之一以上百分之五以下罚金。

单位犯前款罪的，对单位判处罚金，并对其直接负责的主管人员和其他直接责任人员，处五年以下有期徒刑或者拘役。

第一百九十二条【集资诈骗罪】：以非法占有为目的，使用诈骗方法非法集资，数额较大的，处五年以下有期徒刑或者拘役，并处二万元以上二十万元以下罚金；数额巨大或者有其他严重情节的，处五年以上十年以下有期徒刑，并处五万元以上五十万元以下罚金；数额特别巨大或者有其他特别严重情节的，处十年以上有期徒刑或者无期徒刑，并处五万元以上五十万元以下罚金或者没收财产。

第二百二十五条【非法经营罪】：违反国家规定，有下列非法经营行为之一，扰乱市场秩序，情节严重的，处五年以下有期徒刑或者拘役，并处或者单处违法所得一倍以上五倍以下罚金；情节特别严重的，处五年以上有期徒刑，并处违法所得一倍以上五倍以下罚金或者没收财产：(一) 未经许可经营法律、行政法规规定的专营、专卖物品或者其他限制买卖的物品的；(二) 买卖进出口许可证、进出口原产地证明以及其他法律、行政法规规定的经营许可证或者批准文件的；(三) 未经国家有关主管部门批准非法经营证券、期货、保险业务的，或者非法从事资金支付结算业务的；(四) 其他严重扰乱市场秩序的非法经营行为。

《最高人民法院关于审理非法集资刑事案件具体应用法律若干问题的解释》:

为依法惩治非法吸收公众存款、集资诈骗等非法集资犯罪活动,根据刑法有关规定,现就审理此类刑事案件具体应用法律的若干问题解释如下:

第一条　违反国家金融管理法律规定,向社会公众(包括单位和个人)吸收资金的行为,同时具备下列四个条件的,除刑法另有规定的以外,应当认定为刑法第一百七十六条规定的“非法吸收公众存款或者变相吸收公众存款”:(一)未经有关部门依法批准或者借用合法经营的形式吸收资金;(二)通过媒体、推介会、传单、手机短信等途径向社会公开宣传;(三)承诺在一定期限内以货币、实物、股权等方式还本付息或者给付回报;(四)向社会公众即社会不特定对象吸收资金。未向社会公开宣传,在亲友或者单位内部针对特定对象吸收资金的,不属于非法吸收或者变相吸收公众存款。

第二条　实施下列行为之一,符合本解释第一条第一款规定的条件的,应当依照刑法第一百七十六条的规定,以非法吸收公众存款罪定罪处罚:(一)不具有房产销售的真实内容或者不以房产销售为主要目的,以返本销售、售后包租、约定回购、销售房产份额等方式非法吸收资金的;(二)以转让林权并代为管护等方式非法吸收资金的;(三)以代种植(养殖)、租种植(养殖)、联合种植(养殖)等方式非法吸收资金的;(四)不具有销售商品、提供服务的真实内容或者不以销售商品、提供服务为主要目的,以商品回购、寄存代售等方式非法吸收资金的;(五)不具有发行股票、债券的真实内容,以虚假转让股权、发售虚构债券等方式非法吸收资金的;(六)不具有募集基金的真实内容,以假借境外基金、发售虚构基金等方式非法吸收资金的;(七)不具有销售保险的真实内容,以假冒保险公司、伪造保险单据等方式非法吸收资金的;(八)以投资入股的方式非法吸收资金的;(九)以委托理财的方式非法吸收资金的;(十)利用民间“会”“社”等组织非法吸收资金的;(十一)其他非法吸收资金的行为。

第三条 非法吸收或者变相吸收公众存款,具有下列情形之一的,应当依法追究刑事责任:(一)个人非法吸收或者变相吸收公众存款,数额在20万元以上的,单位非法吸收或者变相吸收公众存款,数额在100万元以上的;(二)个人非法吸收或者变相吸收公众存款对象30人以上的,单位非法吸收或者变相吸收公众存款对象150人以上的;(三)个人非法吸收或者变相吸收公众存款,给存款人造成直接经济损失数额在10万元以上的,单位非法吸收或者变相吸收公众存款,给存款人造成直接经济损失数额在50万元以上的;(四)造成恶劣社会影响或者其他严重后果的。

具有下列情形之一的，属于刑法第一百七十六条规定的“数额巨大或者有其他严重情节”:(一) 个人非法吸收或者变相吸收公众存款，数额在100万元以上的，单位非法吸收或者变相吸收公众存款，数额在500万元以上的;(二) 个人非法吸收或者变相吸收公众存款对象100人以上的，单位非法吸收或者变相吸收公众存款对象500人以上的;(三) 个人非法吸收或者变相吸收公众存款，给存款人造成直接经济损失数额在50万元以上的，单位非法吸收或者变相吸收公众存款，给存款人造成直接经济损失数额在250万元以上的;(四) 造成特别恶劣社会影响或者其他特别严重后果的。

非法吸收或者变相吸收公众存款的数额，以行为人所吸收的资金全额计算。案发前后已归还的数额，可以作为量刑情节酌情考虑。

非法吸收或者变相吸收公众存款，主要用于正常的生产经营活动，能够及时清退所吸收资金，可以免予刑事处罚；情节显著轻微的，不作为犯罪处理。

第四条　以非法占有为目的，使用诈骗方法实施本解释第二条规定所列行为的，应当依照刑法第一百九十二条的规定，以集资诈骗罪定罪处罚。

使用诈骗方法非法集资，具有下列情形之一的，可以认定为“以非法占有为目的”:(一) 集资后不用于生产经营活动或者用于生产经营活动与筹集资金规模明显不成比例，致使集资款不能返还的；

（二）肆意挥霍集资款，致使集资款不能返还的；（三）携带集资款逃匿的；（四）将集资款用于违法犯罪活动的；（五）抽逃、转移资金、隐匿财产，逃避返还资金的；（六）隐匿、销毁账目，或者搞假破产、假倒闭，逃避返还资金的；（七）拒不交代资金去向，逃避返还资金的；（八）其他可以认定非法占有目的的情形。

集资诈骗罪中的非法占有目的，应当区分情形进行具体认定。行为人部分非法集资行为具有非法占有目的的，对该部分非法集资行为所涉集资款以集资诈骗罪定罪处罚；非法集资共同犯罪中部分行为人具有非法占有目的，其他行为人没有非法占有集资款的共同故意和行为的，对具有非法占有目的的行为人以集资诈骗罪定罪处罚。

第五条　个人进行集资诈骗，数额在10万元以上的，应当认定为“数额较大”；数额在30万元以上的，应当认定为“数额巨大”；数额在100万元以上的，应当认定为“数额特别巨大”。

单位进行集资诈骗，数额在50万元以上的，应当认定为“数额较大”；数额在150万元以上的，应当认定为“数额巨大”；数额在500万元以上的，应当认定为“数额特别巨大”。

集资诈骗的数额以行为人实际骗取的数额计算，案发前已归还的数额应予扣除。行为人为实施集资诈骗活动而支付的广告费、中介费、手续费、回扣，或者用于行贿、赠与等费用，不予扣除。行为人为实施集资诈骗活动而支付的利息，除本金未归还可予折抵本金以外，应当计入诈骗数额。

第六条　未经国家有关主管部门批准，向社会不特定对象发行、以转让股权等方式变相发行股票或者公司、企业债券，或者向特定对象发行、变相发行股票或者公司、企业债券累计超过200人的，应当认定为刑法第一百七十九条规定的“擅自发行股票、公司、企业债券”。构成犯罪的，以擅自发行股票、公司、企业债券罪定罪处罚。

第七条　违反国家规定，未经依法核准擅自发行基金份额募集基金，情节严重的，依照刑法第二百二十五条的规定，以非法经营罪定罪处罚。

第八条　广告经营者、广告发布者违反国家规定，利用广告为非法集资活动相关的商品或者服务作虚假宣传，具有下列情形之一的，依照刑法第二百二十二条的规定，以虚假广告罪定罪处罚：（一）违法所得数额在10万元以上的；（二）造成严重危害后果或者恶劣社会影响的；（三）二年内利用广告作虚假宣传，受过行政处罚二次以上的；（四）其他情节严重的情形。

明知他人从事欺诈发行股票、债券，非法吸收公众存款，擅自发行股票、债券，集资诈骗或者组织、领导传销活动等集资犯罪活动，为其提供广告等宣传的，以相关犯罪的共犯论处。

锦囊妙计

在投资理财领域，老年人成为遭遇诈骗的“重灾区”，最主要因素是轻信“高回报”。目前，在老年消费群体中有不少人遭遇投资理财诈骗和陷阱，其中很多骗局以高收益忽悠老年人，也有的推销人员宣称介绍朋友投资可获得提成，更有采取网络钓鱼手段，制作仿冒的投资平台网站，引诱投资者购买投资产品。

老年人投资理财要走出几个误区：一是贪利。越是利息高，掉入陷阱的概率就越大，老年人最好不要选择高风险的投资方式。二是担保。老年人不能轻易给别人担保，在“看不准”“摸不透”的情况下，明哲保身是老年人安全的理财方式。三是跟风。老年人理财时应开拓信息渠道，必要的时候可以咨询子女或者熟悉的专业人士，不要仅凭销售人员以及其他老年人的意见就去购买。

一旦发现投资理财上当受骗，老年人一定要在第一时间报警。

我们这个产品年收益率百分之20，哪里去找？我们是大公司，有保障你放心。先投20万？
让我再想=。

非医疗事故致损害仍获赔偿

非医疗事故的其他医疗损害，指未构成医疗事故，但医疗机构及其医务人员在医疗行为中具有过错且该过错与对患者造成损害的后果之间具有因果关系的非医疗事故损害，医疗机构应承担损害赔偿责任。

患者只要住院实施手术或其他治疗，就形成了医患合同关系。患者的知情同意权是患者的一项重要权利，医疗机构实施手术、特殊检查或特殊治疗不履行告知和征得患者同意的义务，则构成医疗不当。此时，医疗机构应承担相应的损害赔偿责任。

案例解读

告知手术风险不够详细　构成侵权承担赔偿责任

患者老孙今年67岁，因背部“脂肪瘤”在某医院手术切除，术前医院也让患者签了手术同意书，并告知可能出现“神经受损，导致功能障碍”。术后患者双下肢不完全瘫痪，患者家属向医院索赔几十万元。两级医疗事故鉴定结论均认为，因为脂肪瘤部位较深，术中损伤了马尾神经，属手术并发症，不属于医疗事故。一审法院驳回了患者方的诉讼请求。

但是，二审法院认为，此医案虽不属于医疗事故，但医院在告知患者手术风险时，并没有将手术有可能出现“下肢瘫痪”的严重后果以通俗的语言详细告诉患者及其家属，没有完全履行告知义务，属于有瑕疵的告知，即没有达到告知义务标准的告知，故仍属侵权，判医院赔付 3 万多元。

医院过错构成侵权责任　病情加重获得损害赔偿

付大爷因车祸受伤，被送往人民医院救治，其后由于病情加重，医院告知付大爷家人需要转入中心医院救治，当日进行了右大腿中段截肢手术。一审中原告付大爷一家诉称被告人民医院在治疗的过程中存在过错，使患者病情加重导致其需要截肢，且截肢后医院未将其截下的右腿予以返还，两家医院在此期间相互推脱责任，致使患者的权益无法得到保障。

在一审诉前调解阶段，一审法院委托司法鉴定所进行鉴定，鉴定结果显示其中三份材料与付大爷认可的样本字迹不是同一人。其后，一审法院委托医学会进行医疗事故鉴定，医学会作出认为，以“若有疑义部分不能作为鉴定证据使用，导致鉴定材料不完整，不能进行医疗事故鉴定”，故终止鉴定。一审法院依照《医疗事故处理条例》进行判决。原告以一审判决适用法律错误为由，提起上诉。二审维持原判。付大爷以同一理由申请再审，再审法院判定适用《民法通则》《最高人民法院关于审理人身损害赔偿案件适用法律若干问题解释》的相关规定予以处理，遂判决医院承担损害赔偿责任。

需要说明的是，本案发生于《侵权责任法》实施以前，因此该法不能被适用。根据纠纷发生时具有法律效力的《最高人民法院关于参照〈医疗事故处理条例〉审理医疗纠纷民事案件的通知》中规定，因医疗事故以外的原因引起的其他医疗赔偿纠纷，适用民法通则的规定。因此，本案在没有证据证明是否构成医疗事故的情况下，一审法院认为非医疗事故构成人身损害赔偿适用《医疗事故处理条例》，存在偏差。因此，再审法院判决适用《民法通则》《最高人民法院关于审理人身损害赔偿案件适用法律若干问题解释》的相关规定，是正确的。如果该案发生在我国《侵权责任法》实施之后，则应该按照《侵权责任法》《最高人民法院关于审理人身损害赔偿案件适用法律若干问题解释》进行审理和判决。

法律条款

《中华人民共和国侵权责任法》第七章“医疗损害责任”第五十四条：患者在诊疗活动中受到损害，医疗机构及其医务人员有过错的，由医疗机构承担赔偿责任。

第五十五条：医务人员在诊疗活动中应当向患者说明病情和医疗措施。需要实施手术、特殊检查、特殊治疗的，医务人员应当及时向患者说明医疗风险、替代医疗方案等情况，并取得其书面同意；不宜向患者说明的，应当向患者的近亲属说明，并取得其书面同意。医务人员未尽到前款义务，造成患者损害的，医疗机构应当承担赔偿责任。

第五十七条：医务人员在诊疗活动中未尽到与当时的医疗水平相应的诊疗义务，造成患者损害的，医疗机构应当承担赔偿责任。

第五十八条：患者有损害，因下列情形之一的，推定医疗机构有过错：(一）违反法律、行政法规、规章以及其他有关诊疗规范的规定；(二）隐匿或者拒绝提供与纠纷有关的病历资料；(三）伪造、篡改或者销毁病历资料。

最高人民法院《关于参照〈医疗事故处理条例〉审理医疗纠纷民事案件的通知》第一条：条例施行后发生的医疗事故引起的医疗赔偿纠纷，诉到法院的，参照条例的有关规定办理；因医疗事故以外的原因引起的其他医疗赔偿纠纷，适用民法通则的规定。

国务院《医疗机构管理条例》第三十三条规定：医疗机构施行手术、特殊检查或者特殊治疗时，必须征得患者同意，并应当取得其家属或者关系人同意并签字；无法取得患者意见时，应当取得家属或者关系人同意并签字；无法取得患者意见又无家属或者关系人在场，或者遇到其他特殊情况时，经治医师应当提出医疗处置方案，在取得医疗机构负责人或者被授权负责人员的批准后实施。

卫生部《医疗机构管理条例实施细则》第六十二条：医疗机构应当尊重患者对自己的病情、诊断、治疗的知情权利。在实施手术、特殊检查、特殊治疗时，应当向患者作必要的解释。因实施保护性医疗措施不宜向患者说明情况的，应当将有关情况通知患者家属。

《上海市医疗机构管理办法》第三十七条（施行特殊诊疗的前置条件）：医疗机构施行手术、特殊检查、输血或者特殊治疗时，应当征得患者同意，并取得患者家属或者关系人同意并签字；无法取得病人意见或者因实施保护性医疗措施不宜向患者说明情况的，应当取得患者家属或者关系人同意并签字；无法取得患者意见又无患者家属或者关系人在场，或者遇到其他特殊情况的，经治医师应当提出医疗处置方案，在取得医疗机构负责人或者被授权负责人员的批准后方可施行。

锦囊妙计

本案是一起医疗不当损害赔偿的案例，而当构成医疗事故时，应按照医疗事故损害赔偿的规定，依法处理。

医疗事故赔偿是指医疗机构及其医务人员在医疗活动中违反医疗卫生管理法律、行政法规、部门规章和诊疗护理规范、常规，过失造成患者人身损害后经医疗事故鉴定委员会鉴定构成医疗事故由医疗机构对患者进行的赔偿。医疗机构因医疗事故对患者的赔偿范围，包括以下内容：

（一）医疗费：按照医疗事故对患者造成的人身损害进行治疗所发生的医疗费用计算，凭据支付，但不包括原发病医疗费用。结案后确实需要继续治疗的，按照基本医疗费用支付。

（二）误工费：患者有固定收入的，按照本人因误工减少的固定收入计算，对收入高于医疗事故发生地上一年度职工年平均工资3倍以上的，按照3倍计算；无固定收入的，按照医疗事故发生地上一年度职工年平均工资计算。

（三）住院伙食补助费：按照医疗事故发生地国家机关一般工作人员的出差伙食补助标准计算。

（四）陪护费：患者住院期间需要专人陪护的，按照医疗事故发生地上一年度职工年平均工资计算。

（五）残疾生活补助费：根据伤残等级，按照医疗事故发生地居民年平均生活费计算，自定残之月起最长赔偿30年；但是，60周岁以上的，不超过15年；70周岁以上的，不超过5年。

（六）残疾用具费：因残疾需要配置补偿功能器具的，凭医疗机构证明，按照普及型器具的费用计算。

（七）丧葬费：按照医疗事故发生地规定的丧葬费补助标准计算。

（八）被扶养人生活费：以死者生前或者残疾者丧失劳动能力前实际扶养且没有劳动能力的人为限，按照其户籍所在地或者居所地居民最低生活保障标准计算。对不满16周岁的，扶养到16周岁。对年满16周岁但无劳动能力的，扶养20年；但是，60周岁以上的，不超过15年；70周岁以上的，不超过5年。

（九）交通费：按照患者实际必需的交通费用计算，凭据支付。

（十）住宿费：按照医疗事故发生地国家机关一般工作人员的出差住宿补助标准计算，凭据支付。

（十一）精神损害抚慰金：按照医疗事故发生地居民年平均生活费计算。造成患者死亡的，赔偿年限最长不超过6年；造成患者残疾的，赔偿年限最长不超过3年。

网上购物七天内无条件退货

现代社会中，网络、电视、电话、邮购等远程购物方式逐渐深入我国老百姓的日常生活，大家购物的渠道不再只是商场、市场这么单一。尤其是现在很多老年人，由于行动不便等因素，很多生活需要都通过网上购物来完成。而网络购物的“非现场性”，导致消费者和商家的信息极不对称，消费者不易辨别商品的真实性，过去实践中投诉的数量也一直居高不下。为保护消费者网购的合法权益，我国2013年修订《消费者权益保护法》时，引入了消费者反悔权制度。

案例解读

网购退货遭拒绝　依法维权获支持

叶阿姨在某网站购得一台电动按摩足浴器，使用第三天即出现问题，要求换货。卖家经检测认为确实存在质量问题，同意换货。叶阿姨在使用新换的足浴器过程中，又发现新设备水温加热功能不稳定的现象，于是要求退货。然而，卖家检测该足浴器后认为不存在质量问题，不同意退货。叶阿姨认为，第二台新换的足浴器确实存在问题，况且不说是否存在质量问题，根据新《消费者权益保护法》网购商品7天内可无条件退货。最终，经协商卖家同意退货。

网上购物产生纠纷　可起诉至原告所在地法院

李伯伯已经68岁了，身体不是很好。2017年12月，李伯伯在淘宝网上的某海棠生物科技公司购买了4 000元的海棠茶，食用该茶后出现肚子疼痛、排泄频繁等症状，仔细阅读说明书后发现，该海棠茶食品标签未标明不适宜人群。而根据《新食品原料安全性审查管理办法》的有关规定，以及国家卫生计生委的有关公告要求，该海棠茶属于新食品原料，在标签、说明书中应当标注不适宜人群。该产品未进行相关标注，违反了《预包装食品标签通则》的规定，属经营标签不合法食品。李伯伯多次向该公司要求退货并返还4 000元购物款，均遭到了该公司的拒绝。

2018年4月，李伯伯将该公司起诉至自己所在地的区人民法院，要求该公司依据《合同法》以及《食品安全法》的相关规定返还原告货款4 000元，并向其支付十倍赔偿金40 000元。该海棠公司在提交答辩状期间，对管辖权提出异议，认为依据《民事诉讼法》第二十一条第二款的规定“对法人或者其他组织提起的诉讼，由被告住所地人民法院管辖”，李伯伯所在区人民法院对本案没有管辖权，本案应由卖家所在地人民法院管辖。

李伯伯所在区人民法院经审查后认为，本案原告基于买卖合同关系提起诉讼，依照《中华人民共和国民事诉讼法》

以及最高人民法院关于适用《中华人民共和国民事诉讼法》的解释的相关规定，因合同纠纷提起的诉讼，由被告住所地或者合同履行地人民法院管辖；以信息网络方式订立的合同，通过信息网络交付标的的，以买受人住所地为合同履行地。本案原、被告之间的买卖合同即是以信息网络方式订立的合同，并通过信息网络交付标的的，故本案合同履行地应确定为原告住所地，本院与被告所在地法院对本案均享有管辖权，原告有选择向其中任一法院提起诉讼的权利，被告提出的管辖权异议理由不成立，不予采信，因此李伯伯住所地人民法院驳回被告对管辖权提出的异议，并判被告败诉。

法律条款

《中华人民共和国消费者权益保护法》第二十四条：经营者提供的商品或者服务不符合质量要求的，消费者可以依照国家规定、当事人约定退货，或者要求经营者履行更换、修理等义务。没有国家规定和当事人约定的，消费者可以自收到商品之日起七日内退货；七日后符合法定解除合同条件的，消费者可以及时退货，不符合法定解除合同条件的，可以要求经营者履行更换、修理等义务。依照前款规定进行退货、更换、修理的，经营者应当承担运输等必要费用。

第二十五条：经营者采用网络、电视、电话、邮购等方式销售商品，消费者有权自收到商品之日起七日内退货，且无需说明理由，但下列商品除外：(一) 消费者定作的；(二) 鲜活易腐的；(三) 在线下载或者消费者拆封的音像制品、计算机软件等数字化商品；(四) 交付的报纸、期刊。除前款所列商品外，其他根据商品性质并经消费者在购买时确认不宜退货的商品，不适用无理由退货。消费者退货的商品应当完好。经营者应当自收到退回商品之日起七日内返还消费者支付的商品价款。退回商品的运费由消费者承担；经营者和消费者另有约定的，按照约定。

国家工商总局《网络交易管理办法》(自2014年3月15日起施行) 第十六条：网络商品经营者销售商品，消费者有权自收到商品之日起七日内退货，且无需说明理由，但下列商品除外：(一) 消费者定作的；(二) 鲜活易腐的；(三) 在线下载或者消费者拆封的音像制品、计算机软件等数字化商品；(四) 交付的报纸、期刊。除前款所列商品外，其他根据商品性质并经消费者在购买时确认不宜退货的商品，不适用无理由退货。

锦囊妙计

新《消费者权益保护法》第二十四条简称为“三包制度”，第二十五条简称为“反悔权”制度。虽然两者都涉及消费者7日内退货的内容，且条款相邻，都赋予消费者通过退货解除合同的权利。但仍然存在很大区别："三包"制度规定经营者提供的商品或者服务不符合质量要求，消费者可以退货、更换、维修。"反悔权"制度则不需要经营者存在违约行为，只要符合法律规定的条件，即可无条件退货。也就是说，实体店购物需要消费者举证证明经营者提供的商品或者服务不符合质量要求，消费者才可以要求退货。网络购物，只要退货的商品不影响二次销售，消费者不需要任何理由均可退货。

因此，老年朋友网上购物后，如果发现商品存在瑕疵，或者对商品不满意，均可行使自己的反悔权，直接要求退货，而不需要感到难为情。如果与商家协商不成，消费者可以到自己住所地法院提起诉讼。

老年人遭遇意外伤害获赔偿

老年人行动不便，一般不要到人流大、交通堵的地方活动。必要的外出购物、参加活动，在乘坐交通工具、电梯等时，一定要特别注意安全问题，避免发生意外事故。同时，在公共场所万一发生意外情况，遭受身体伤害等不幸事件时，要有依法维权意识，及时要求有关责任单位承担损害赔偿责任。

案例解读

某日，张女士与其邻居李女士到某大型超市购物。在乘坐该超市电梯时，因当天超市购物人较多，张女士与李女士双双从电梯上滚落。张女士到某医院住院治疗，后又转到其他医院治疗。经医院诊断为：右肱骨近端粉碎性骨折。医院为张女士进行了右人工肱骨头置换术并出具诊断证明书，建议患者出院后陪护三个月。几天后，张女士申请对其伤残等级及护理医疗进行司法鉴定，经司法鉴定中心鉴定，张女士所受之伤构成七级伤残。

张女士要求商家给予赔偿，在双方达不成一致意见后，张女士将商家起诉到法院，张女士认为，根据《消费者权益保护法》的规定，超市经营者应当向消费者提供安全的购物环境，以确保消费者在购买、使用商品和接受服务时的人身、财产安全。而其遭遇说明，该超市显然没有考虑到去超市购物的、腿脚不够便利的老年人以及残疾人等特殊消费群体的购物环境问题，其电梯坡度陡、速度快，未给特殊消费群体提供特殊购物通道是导致张女士身体受到伤害的主要原因。为此，张女士要求超市公司赔偿医疗费、住院伙食补助费、交通费、护理费、伤残鉴定费、伤残赔偿金、精神损失费、营养费等共计14.5万元。

而超市公司辩称，当天没有搞促销，当时确实没有那么多人，电梯有相关的提示牌，电梯都是符合国家规定的。张女士摔伤之后，离开了现场，在几天之后才找我们的，这之间发生了什么事情，不得而知。伤残鉴定说的是职工工伤与职业病致残等级，但张女士是客户，不是我们的职工，不适用伤残鉴定。我们对顾客已经尽到了安全注意义务，赔偿问题可以协商解决。不同意张女士的诉讼请求。

本案中，对于张女士摔伤事件，超市公司和张女士本人都有责任。

一方面，超市公司对超市场所具有他人不可比拟的控制能力，最可能了解整个场所的实际情况，并且有义务采取必要的措施，防止损害的发生或者使之减轻。其理应承担一种从事社会活动的安全保障义务，在场所内可能出现的各种危险情况要有相适应的有效的预警、警告、指示说明、通知和保护等，以防止他人人身遭受损害。但超市公司疏于安全保障义务，对年逾古稀的张女士在乘坐超市电梯时，未予以劝阻或给予适当帮助，致使张女士受到伤害，其理应承担相应的赔偿责任。

另一方面，张女士年事已高，又患有高血压病，其理应对其自身健康状况是否适合从事某些行为应有清醒的认识，并采取适当的自我保护措施。事实上，张女士对此认识不足，从而成为导致伤害后果的原因之一，其亦应自行承担一定比例的责任。张女士主张的医疗费、住院伙食补助费、交通费、护理费、伤残鉴定费、残疾赔偿金的请求合理，数额由法院根据双方应承担的责任予以确认。张女士主张的营养费，因张女士年事已高，其所受之伤害构成七级伤残，在住院期间及出院后的一段时间内确有必要予以营养支持以促进骨骼的生长，故对其这部分主张，法院予以支持，数额由法院酌定。张女士主张的精神抚慰金，因张女士伤后，经历一次转院，两次手术。身体经受了极大的痛苦，这种痛苦对一个老人来说是难以承受的，对于这种痛苦，只能以一种金钱给付的方式予以弥补。超市公司辩称的其已尽到安全保障义务，不应当承担赔偿责任的抗辩，没有事实及法律依据，法院不予采纳。

最后，法院依据《消费者权益保护法》《民法通则》等相关法律规定判决，超市公司赔偿张女士医疗费、住院伙食补助费、护理费、交通费、伤残鉴定费、营养费共计四万七千零七角五分；赔偿张女士残疾赔偿金三万三千五百六十三元；给付张女士精神抚慰金二万元。

法律条款

《中华人民共和国消费者权益保护法》第十八条：经营者应当保证其提供的商品或者服务符合保障人身、财产安全的要求。对可能危及人身、财产安全的商品和服务，应当向消费者作出真实的说明和明确的警示，并说明和标明正确使用商品或者接受服务的方法以及防止危害发生的方法。宾馆、商场、餐馆、银行、机场、车站、港口、影剧院等经营场所的经营者，应当对消费者尽到安全保障义务。

第四十八条：经营者对消费者未尽到安全保障义务，造成消费者损害的，应当承担侵权责任。

第四十九条：经营者提供商品或者服务，造成消费者或者其他受害人人身伤害的，应当赔偿医疗费、护理费、交通费等为治疗和康复支出的合理费用，以及因误工减少的收入。造成残疾的，还应当赔偿残疾生活辅助具费和残疾赔偿金。造成死亡的，还应当赔偿丧葬费和死亡赔偿金。

《最高人民法院关于审理人身损害赔偿案件适用法律若干问题的解释》第六条第一款：从事住宿、餐饮、娱乐等经营活动或者其他社会活动的自然人、法人、其他组织，未尽合理限度范围内的安全保障义务致使他人遭受人身损害，赔偿权利人请求其承担相应赔偿责任的，人民法院应予支持。

锦囊妙计

对于消费者的人身财产安全问题，我国多部法律要求经营者承担采取适当措施予以保障的法律责任。例如，我国《消费者权益保护法》第十八条规定，经营者应当保证其提供的商品或者服务符合保障人身、财产安全的要求。对可能危及人身、财产安全的商品和服务，应当向消费者作出真实的说明和明确的警示，并说明和标明正确使用商品或者接受服务的方法以及防止危害发生的方法。宾馆、商场、餐馆、银行、机场、车站、港口、影剧院等经营场所的经营者，应当对消费者尽到安全保障义务。我国《侵权责任法》第三十七条规定，宾馆、商场、银行、车站、娱乐场所等公共场所的管理人或者群众性活动的组织者，未尽到安全保障义务，造成他人损害的，应当承担侵权责任。

在此，所谓"安全保障义务"，主要包括两个方面：一是在事故未发生时的防范义务；二是在伤害发生以后的及时救助义务。如果商场等经营单位确实未对不安全的场所、设施尽到安全警示义务，或者虽然有警示但是没有采取相应的防范措施导致伤害的发生，应当承担赔偿责任。如果商场在事故发生以后没有采取积极及时的救助措施导致伤情加重、损害扩大，商场也要承担相应的赔偿责任。当然，如果商场已经尽到了警示、防范、救助等安全保障的义务，也没有对伤害的扩大有过错行为就不需要承担责任。

因此，老年朋友外出购物、参加活动，乘坐交通工具、电梯等设施时，一定要特别注意自身安全问题，避免发生意外事故而遭受人身财产损害。

老年旅游人身损害难获赔偿

随着休闲消费的升级，旅游越来越成为人们休闲消费的首选，因旅游引发的人身伤害情况越来越多，其中不乏中老年人。北京市第二中级人民法院近日通报，2014年至2018年，该院共审理老年人旅游人身损害案件27件，约占侵权类案件的0.8%，主要集中在生命权、健康权、身体权纠纷三个案由。案件数量不大，但侵权后果较严重，其中老年人旅游途中死亡的案件比例占7.4%，途中受伤残疾的案件占25.9%。这些情况，应该引起各方重视。

案例解读

不听劝跟团游意外死亡　有病史老年人自担主责

日前，上海徐汇区法院开庭审理了这样一起生命权纠纷案，判决高龄老人自担主要责任，酌定旅行社承担20%责任，共计赔偿7万余元。

2015年10月，胡老伯报名参加了由华光旅行社组织的“齐云山—诸暨—婺源”以老年人为主的三日游旅行团。当年11月3日，胡老伯随团自上海出发开始行程，4日在导游带领下随团徒步登齐云山。可就在即将登至山顶时，胡老伯渐感身体不支，后便瘫坐在地，出现脸色苍白、神志模糊及呕吐等情况。后经导游联系，胡老伯于当天13时许，被送达当地医院抢救，但不幸的是，最终因抢救无效临床宣告死亡，死亡原因载明为冠心病、心源性休克、急性心肌梗死。

胡老伯的两个女儿认为，作为旅游经营者接待游客，应当采取相应的安全保障措施，特别是对于老年游客，更应充分考虑其特殊体质及容易因劳累而引发疾病的情况，但从胡老伯参与的旅游路线及项目来看显然是不合适的，在胡老伯初期发病时，导游的应急救助措施不当，导致其丧失了黄金急救时间，最终死亡。据此，旅行社应承担侵权赔偿责任。

对此，旅行社方面辩称，胡老伯在报名参加涉案旅游活动时，旅行社一开始即按70岁以上需要有人监护同行并经家属同意的规定予以拒绝，但胡老伯坚持要求报名。胡老伯作为高龄老人报名参加涉案旅游活动，其家属当时未阻止其成行，存在责任。而旅行社作为旅游经营者对于旅游人身安全已尽到了相应注意义务及告知、警示义务。据此，本案中不应承担责任。

法院经审理，判决旅行社承担20%的赔偿责任，合计约7万余元。本案中，根据在案证据可以证明，旅行社在与胡老伯签订涉案旅游合同时，已告知高龄的胡老伯须有一个适龄的同伴随行，同时在合同《补充条款》及所附《行程单》中亦告知了相应的旅游安全注意事项，故可以认定旅行社已尽到了相应告知、提示和注意义务。在此情况下，胡老伯女儿主张其未合理安排旅游线路、项目及对爬山的体力强度、危害后果未作出警示存在过错，缺乏依据。

但在本案中，旅行社的过错在于，其作为旅游经营者，其导游作为具有专业知识和经验的旅游从业人员，对于高龄游客在旅游活动中可能出现的身体状况应该具有及时判断及处置能力，而本案中胡老伯在爬山后出现明显的身体不适状况，考虑其年龄因素，旅行社应充分注意心脏突发疾病的可能性及危害性，以及当时景区救援的不便性，及时联系景区工作人员采取适当措施，但从相关的时间节点来看，导游在通知急救时确实存在一定的延误，且不排除该延误与胡老伯死亡之间存在因果关系，为此旅行社应承担相应责任。

而作为游客的胡老伯，系高龄且有癌症病史，自身身体健康情况不佳，其明知涉案旅游活动包含爬山项目，但出于对自身身体状况的错误判断，过于自信而报名参加，且未选择乘缆车上山，最终造成损害，为此其自身应承担主要责任。

老年人境外游劳累致死　旅行社无无过错不担责任

老年人李某与北京某旅行社签订《北京市出境旅游合同》，行程安排为：第一天，北京至莫斯科；第二天，莫斯科至圣彼得堡；第三天、第四天，圣彼得堡；第五天，圣彼得堡至赫尔辛基；第六天，赫尔辛基至斯德哥尔摩；第七天，斯德哥尔摩至奥斯陆；第八天，奥斯陆至峡湾小镇；第九天，峡湾小镇至奥斯陆；第十天，奥斯陆至哥德堡至哥本哈根；

第十一天，哥本哈根至林雪平（延雪平）；第十二天，林雪平至斯德哥尔摩至北京。在林雪平旅游项目结束后，李某在酒店休息时感觉身体不适，被送至医院医治，四天后死亡。医疗机构确认李某最终死亡的原因是多器官衰竭。李某子女向法院起诉，要求旅行社赔偿。李某子女主张旅行社在组织旅游活动中，未对李某尽到安全保障义务，造成李某死亡的后果，旅行社应承担侵权责任。法院经审理认为，李某子女主张的事实所提交的证据，不能证实其主张。因此，法院对李某子女的诉讼请求不予支持。

法律条款

《中华人民共和国旅游法》第三十五条：旅行社不得以不合理的低价组织旅游活动，诱骗旅游者，并通过安排购物或者另行付费旅游项目获取回扣等不正当利益。

旅行社组织、接待旅游者，不得指定具体购物场所，不得安排另行付费旅游项目。但是，经双方协商一致或者旅游者要求，且不影响其他旅游者行程安排的除外。

第五十条：旅游经营者应当保证其提供的商品和服务符合保障人身、财产安全的要求。

第五十七条：旅行社组织和安排旅游活动，应当与旅游者订立合同。

第七十九条：旅游经营者应当严格执行安全生产管理和消防安全管理的法律、法规和国家标准、行业标准，具备相应的安全生产条件，制定旅游者安全保护制度和应急预案。

旅游经营者应当对直接为旅游者提供服务的从业人员开展经常性应急救助技能培训，对提供的产品和服务进行安全检验、监测和评估，采取必要措施防止危害发生。

旅游经营者组织、接待老年人、未成年人、残疾人等旅游者，应当采取相应的安全保障措施。

锦囊妙计

专家认为，老年游人身损害案件出现高发的情况，主要原因在于：老年人单独活动，缺少陪伴；旅行成本品质低，存在隐患；带队导游责任心不强，照顾不周；景区管理存在漏洞，发生危险；还有一种情况是，老年人隐瞒自己的身体状况实情，埋下安全隐患。

因此，老年人外出旅游，要注意以下几个方面：一是要根据实际情况量力而行，合理规划行程。比如合理选择旅游目的地，考虑目的地的气候、地理条件、舒适度等要素。二是旅游安排中要多人同行，外出要尽量不独居。三是选择信誉和服务好的旅行社，签订好旅行合同。四是要有证据意识，以防有备无患。

老年人外出旅游，万一发生危险，一定要首先拨打急救电话就近就医，第一时间进行医治，同时报警，警察会调查询问取证，固定事故原貌。然后要告知旅行社和亲属，联系保险公司。要留存好旅游合同、游览门票、医疗费票据等相关证据。而且，身体受伤害的诉讼时效为1年。

各方重视可避免老年人犯罪

近年来，老年人犯罪的案件时有发生，且呈逐年上升的趋势，已引起了社会各界的广泛关注。在涉及的诸多罪名中，老年人犯盗窃、诈骗等侵财型犯罪居多，占犯罪总数的40%以上；犯罪行为有明显的性别区分，男性老年罪犯大多数是诈骗、故意伤害、强奸等违法犯罪行为；而女性老年罪犯大多是妨害公务、窝藏、故意毁坏财物等犯罪行为。有些犯罪是因为老年人不明真相或者自我保护意识淡漠造成的，所以应该引起老年朋友的高度重视。

案例解读

不明真相“帮忙”成了老年罪犯

一天，68岁的章老汉在小区门口与人闲聊，忽然不远处停下一辆中巴车，四五个青年跳下车追打一名中年男子。章老汉定睛一看，后面的四五个青年是本小区邻里吴某等人。“一定是本小区的人被别人欺负了！”章老汉热血沸腾，此时中年男子正好跑过章老汉身边，章老汉大叫一声，一把抱住中年男子并将其摁倒在地。这时，后面的吴某等人追上来围住中年男子拳打脚踢，章老汉也跟着打了几拳，其中一青年拔出水果刀连捅中年男子两刀，并抢走其身上的4 250元现金及一部手机。吴某等人抢得钱物后，当场递给章老汉250元“辛苦费”，章老汉糊里糊涂接了过来。

法网恢恢，疏而不漏。案发后，公安机关立即派出刑侦、技术人员赶赴现场，开展侦查。在查明吴某等人当时正在对中年男子实施抢劫的事实后，依法将吴某等人逮捕。章老汉不该出手却出手，成了吴某等人的帮凶，其行为触犯了刑律。当章老汉看到逮捕证，痛哭流涕，想不到自己大半辈子老实巴交，如今却栽在自己糊里糊涂的“见义勇为”上。

“老博士”诈骗老年患者被判刑

年过七旬的冯某因犯诈骗罪被判处有期徒刑13年6个月，剥夺政治权利3年，罚金50万元，并责令退赔相关经济损失。

冯某谎称自己是中央保健医师、知名医院专家，多次为国家领导人治疗保健。他以帮助被害人治疗疾病为由，骗取被害人数十万元。案件细节令人瞠目结舌。

被害人也是老年人，因身患疾病，在家属陪同下，从外地老家来京就诊。在医院附近，冯某与被害人的弟弟攀谈，自称是医院院长、主治医师，向被害人及家属出示伪造的医院工作证，还称自己给领导人看过病，能治疗疑难杂症。他利用被害人病急乱投医的心理获取信任后，劝被害人出院接受其治疗。

被害人在家属的帮助下，办理了出院手续，在医院附近租房，专门接受冯某的治疗。治疗过程中，冯某使用数十根自行车辐条针灸，并告知被害人："需要长期治疗，不能将辐条拔出来。"结果，被害人伤口感染溃烂、疼痛难忍。而其间，冯某去看望被害人的频率却越来越少，后来连电话都不接听，彻底"失联"，被害人才醒悟自己被骗了。

然而，冯某并未闲着，他换了一家医院，继续伺机与患者攀谈。他不再使用"针灸"技能，而是向另一位老太太兜售所谓的名贵药材"犀牛角粉"。一小纸包灰色粉末状"犀牛角粉"价值15万元！他声称这是专为领导人治病准备的，药效显著。结果，被害人的治病钱被尽数骗走，却再也不见冯某踪迹。

应该说，冯某诈骗案具有老年人贪欲型犯罪的基本特点，这类犯罪人以孤寡老人为主，具有一定的文化水平，如冯某自称"博士研究生毕业"。据档案资料显示，冯某被捕前是一名个体医生，其文化水平成为其诈骗的"利器"。另外，这类犯罪数额较大。冯某共涉及3起诈骗事实，诈骗数额近百万元，已构成诈骗罪的"数额特别巨大"标准。而其作案目标多为老弱病残弱势群体，主要选取外地来京就医的老年患者实施诈骗。

法律条款

《中华人民共和国刑法修正案（八）》第一条：在刑法第十七条后增加一条，作为第十七条之一：

已满七十五周岁的人故意犯罪的，可以从轻或者减轻处罚；过失犯罪的，应当从轻或者减轻处罚。

第三条：在刑法第四十九条中增加一款作为第二款：审判的时候已满七十五周岁的人，不适用死刑，但以特别残忍手段致人死亡的除外。

第十一条：将刑法第七十二条修改为：对于被判处拘役、三年以下有期徒刑的犯罪分子，同时符合下列条件的，可以宣告缓刑，对其中不满十八周岁的人、怀孕的妇女和已满七十五周岁的人，应当宣告缓刑：(一) 犯罪情节较轻；(二) 有悔罪表现；(三) 没有再犯罪的危险；(四) 宣告缓刑对所居住社区没有重大不良影响。

锦囊妙计

据北京海淀法院介绍，与2008年至2018年海淀法院刑事案件结案数量总体呈下降的趋势相反，老年人犯罪数量却呈逐年上升趋势，且犯罪年龄多集中于60～69岁，70岁以上犯罪也有所增加。在该院近十年来审理的123件老年人犯罪案件中，涉经济类犯罪占91%，所涉及的罪名以盗窃罪、诈骗罪居多。

中国被称为礼仪之邦，尊老爱幼是中华民族传统美德之一，古代先哲曾教导“老吾老，以及人之老；幼吾幼以及人之幼”。在我国法律制度上对于未成年人以及老年人犯罪规定从宽处理，便是这样精神的反映。

2011年我国刑法修正案（八）将尊老敬老观念转化为制度性规定：已满75周岁的人故意犯罪，可以从轻或者减轻处罚；过失犯罪的，应当从轻或者减轻处罚。其实，对于上诉规定，《关于贯彻宽严相济刑事政策的若干意见》第21条作了规定："对于老年人犯罪，要充分考虑其犯罪的动机、目的、情节、后果以及悔罪表现等，并结合其人身危险性和再犯可能性，酌情从宽处罚。"

而且，修正案关于已满75周岁以上的人犯罪，一般不适用死刑的规定是新增加的内容，从此翻开我国刑法关于犯罪主体规定新的一页，使得老年人这一特殊群体与未成年人以及怀孕妇女一样受到"法律开恩"，彰显了社会和法律的文明。该条的"但书"条款值得注意，即：以特别残忍手段致人死亡的除外，该"但书"指的故意犯罪自不待言，一般可指犯罪手段令人发指，如以肢解、残酷折磨、毁人容貌等特别残忍的手段致使被害人死亡。

对于老年人犯罪的现象，应该从以下几个方面来应对：一是老年人要提高自身的法律意识和道德水平；二是关注老年人的精神安慰和养老问题；三是基层组织要强防范意识和预防措施。尤其是子女们要关心老人的晚年生活，尽到应有的赡养义务，让老年人晚年生活幸福多彩，涉及犯罪的可能性就会降低。

保姆受伤雇主承担赔偿责任

随着生活水平的提高，越来越多的老年人家里雇用了保姆，以便照顾老年人的日常生活。对于老年人家庭与保姆之间的法律关系，各方都应该有一个清楚的了解。万一产生意外事件，应该依法处理，维护各方合法权益。

案例解读

保姆斗歹徒受伤雇主应赔偿

年近八旬的王某、刘某夫妇家住商品房一楼，两人生活不能自理。儿子在一家外企工作，无时间照顾老人，就雇了一个保姆小花，24小时照顾其父母，包吃住，每月工资2 500元。一天，家中进了盗贼，二老发现后与盗贼发生了厮打，都受了轻伤。小花在睡梦中惊醒，与盗贼厮打起来，被刀捅成重伤，盗贼趁机逃跑。

小花住院医疗费花了45 000元，经法医伤残鉴定，为五级伤残。小花要求雇主承担医疗费，遭到拒绝，遂向法院起诉。

关于雇主是否应该承担赔偿责任，存在两种观点。第一种观点认为，小花受伤是盗贼造成的，其医药费、伤残补助等，应该由凶手承担。而且，小花受伤是在工余休息时间，要求雇主承担责任，没有法律依据。

第二种观点认为，小花与雇主约定，小花24小时照顾王某刘某，小花吃住都在其家里，所以雇主与小花之间建立了雇主与雇员的法律关系。出事当晚，小花虽然在睡觉，但是并未离开雇主为其设定的劳务场所，她应该仍属于在工作中。根据最高人民法院司法解释，雇主应对雇员承担无过错责任。雇员在工作中受到伤害，雇主应当承担赔偿责任；因第三人原因导致雇员受到伤害的，如果雇员选择雇主承担责任，雇主应当现行赔付。本案中，盗贼逃逸，小花要求雇主承担赔偿责任，符合法律规定。雇主赔偿后，可向盗贼追偿。

法院采纳了第二种观点，判决雇主向小花承担赔偿责任。

保姆工作疏忽摔伤　雇主承担赔偿责任

老马夫妇70多岁了，在市场聘请了名叫胖丫的保姆，以帮助打理家庭日常生活。“十一”前，保姆胖丫在更换窗帘时，一脚踩空，从梯子上摔下受伤。经诊断为胸12椎体压缩性粉碎性骨折伴椎管狭窄，在骨科医院住院治疗近70天。

胖丫没有多少文化，父母在家务农，认为自己的孩子命苦，干活中不注意出了事，怨不了别人，都怪自己粗心大意，准备自己独吞苦果承担责任。在好心人的提醒下，胖丫的父亲找到了一名律师进行咨询。听完律师的分析和讲解，他感到自己有权索赔，遂委托律师处理此事。

律师找到雇主老马夫妇协商不成，又经司法鉴定程序后，一纸诉状告到了法院。律师认为，保姆胖丫作为从事家政服务人员，应当预见更换高处窗帘具有一定的危险，但自己未尽到必要的审慎注意义务，造成自身伤害，本人具有一定的过错，应当承担部分责任。但是，保姆胖丫在老马夫妇家中从事保姆工作，双方形成了雇佣关系。胖丫在从事雇佣活动中受伤，老马夫妇作为雇主，未对胖丫从事工作提供安全保护、履行保障义务，也存在过错，更应当对胖丫所受伤害承担赔偿责任。

最后，法院开庭审理，采纳了律师的意见，对保姆胖丫住院治疗、伤残保障金等其他费用进行了统计，对保姆胖丫的经济损失，判决由胖丫自己承担40%，雇主老马夫妇承担其中的60%。同时，判决雇主老马夫妇给付保姆胖丫一定的精神损害抚慰金。

法律条款

《最高人民法院关于审理人身损害赔偿案件适用法律若干问题的解释》第十一条：雇员在从事雇佣活动中遭受人身损害，雇主应当承担赔偿责任。雇佣关系以外的第三人造成雇员人身损害的，赔偿权利人可以请求第三人承担赔偿责任，也可以请求雇主承担赔偿责任。雇主承担赔偿责任后，可以向第三人追偿。

锦囊妙计

随着我国劳动用工制度的改革，在劳动关系领域已实行全面的劳动合同制。在劳动法调整的劳动关系领域之外，也存在各种形式的劳动用工关系，如雇佣关系、劳务关系，都是合同关系。

在法理上，雇佣关系指受雇人利用雇佣人提供的条件，在雇佣人的指示、监督下，利用雇主提供的条件，以自身的技能为雇用人提供劳务，并由雇用人提供报酬的法律关系。同时，因为雇佣关系又是一种特定关系，追根溯源，雇佣关系是在劳动力成为商品之后发生的社会关系。概括起来，雇佣关系的主要特征包括:(1) 雇员与雇主之间形成一种人身依附关系，雇员按雇主的指示和要求，为雇主提供各种劳务。雇员在雇主的控制下完成工作，雇员的工作内容可由雇主随时调整。(2) 雇员利用雇主提供的生产条件、场所等，以雇主的名义从事劳动。(3) 雇员的劳动义务不能转移，必须亲自履行。(4) 雇员劳动所产生的成果一般归雇主所有。(5) 雇佣关系中，工资的支付一般有相当稳定的周期(如月、星期等)；工资额也一般有相当于该行业比较固定的标准。

从本质上来说，雇员与雇主的雇佣关系是一种合同关系。根据《最高人民法院〈关于审理人身损害赔偿事件适用法律若干问题的解释〉》，雇员在执行职务过程中造成第三人损害，雇主承担替代责任(或称转承责任、代负责任)。这种人身损害赔偿替代责任，从归责原则讲是无过错责任原则。而劳务合同关系中，适用公平原则。

因此，司法解释规定，雇员在从事雇佣活动中遭受人身损害，雇主应当承担赔偿责任。雇佣关系以外的第三人造成雇员人身损害的，赔偿权利人可以请求第三人承担赔偿责任，也可以请求雇主承担赔偿责任。雇主承担赔偿责任后，可以向第三人追偿。

在现实生活中，老年朋友雇佣保姆，注意认真签订合同，明确双方法律关系。应该注意的是，在雇佣合同关系，或者劳务合同关系下，发生人身伤害事件时，双方当事人的法律责任有所不同。

后记

2014年10月23日，党的十八届四中全会通过的《中共中央关于全面推进依法治国若干重大问题的决定》提出，全面推进依法治国，总目标是建设中国特色社会主义法治体系，建设社会主义法治国家。党的十九大报告重申："全面依法治国是国家治理的一场深刻革命，必须坚持厉行法治，推进科学立法、严格执法、公正司法、全民守法。"

具有划时代意义的是，党的十九大做出了中国特色社会主义进入新时代的科学论断，一个最显著的特征就是我国社会主要矛盾已经转化为人民日益增长的美好生活需要和不平衡不充分的发展之间的矛盾。随着我国社会老龄化的不断加深，解决老年群体的美好生活需要，是解决这一主要矛盾、实现中华民族伟大复兴的重要内容和关键环节。

关注老年人生活、应对老龄化问题，需要全社会参与、多元化推进。编写出版老年健康丛书，就是十分有益的尝试。本书取名《法律维权》，希望以老年人日常生活中常见的维权需求为支点，以案例分析和知识讲解为形式，深入浅出、言简意赅地讲解法律基本知识、分析典型法律案例，帮助读者朋友培育法律维权意识、掌握法律权益知识、提高法律维权能力，共建法治社会，共享幸福生活。

本书共分为五个部分，分别是：（一）婚姻家庭关系；（二）财产权益处置；（三）赡养继承权益；（四）社会养老保障；（五）日常生活维权。每个部分又分为若干个小专题，每个小专题都以老年人依法享有的权利或者经常遇到的难题作为重点，分别安排几个典型案例，围绕各个案例，以案例解读、法律条款、锦囊妙计等板块，展开讲解，努力做到简单常用、通俗易懂，以期成为读者案头法律维权知识的常备工具书。

在本书编写过程中，丛书编委会给予了具体指导，上海立信会计金融学院法学院张丹、马香凝、徐达等参与了前期准备，在此一并表示衷心感谢！

编　者

2019年4月

图书在版编目(CIP)数据

法律维权 / 张学森编著. —上海: 上海科学普及出版社，2018（2021.9重印）
（老年健康生活丛书 / 陈积芳主编）
ISBN 978-7-5427-7466-8

Ⅰ.①法… Ⅱ.①张… Ⅲ.①法律-基本知识-中国 Ⅳ.①D920.5

中国版本图书馆CIP数据核字（2019）第045710号

策划统筹 蒋惠雍
责任编辑 柴日奕 李潇潇
装帧设计 赵 斌
绘 画 王 俭

法律维权

张学森 编著
上海科学普及出版社出版发行
（上海中山北路832号 邮政编码200070）
http://www.pspsh.com

各地新华书店经销 上海万卷印刷股份有限公司印刷
开本 710×1000 1/16 印张 13.5 字数 150 000
2019年6月第1版 2021年9月第2次印刷

ISBN 978-7-5427-7466-8
定价：39.00元